Fleischhauer · Eckstein

Kochen für Polly

Die Autoren

Anja Fleischhauer arbeitet als Lektorin und Journalistin. Als Ernährungswissenschaftlerin liegt ihr das Kochen von Haus aus am Herzen. Anders sah das bisher bei **Markus Eckstein** aus. Der studierte Germanist und Soziologe arbeitet als Online-Redakteur und war in der Küche bislang Pragmatiker – doch dann kam Polly. Und mit ihr Markus' Elternzeit. Nun hieß es auch für ihn: einkaufen, schnippeln, kochen, Polly satt bekommen. Gemeinsam mit Anja meistert er seither das Abenteuer „Kochen für unsere Kleine". Mittlerweile wissen die beiden, dass Polly mal viel und mal wenig isst und dass sie je nach Phase entweder fremdes Essen neugierig bestaunt oder unter keinen Umständen probieren möchte. Zurzeit mag Polly am liebsten trockenes Müsli, Würstchen und Granatapfelkerne.

Anja Fleischhauer
Markus Eckstein

Kochen für Polly

Einfach und lecker:
Rezepte für Kleinkinder und ihre Eltern

TRIAS

Liebe Eltern,

stillen, Fläschchen geben, Brei füttern, Windeln wechseln und Nicht-Durchschlafen-Können: „Mit einem Kind“, so formulierte es der Kinderarzt bei einer Untersuchung in Pollys erster Lebenswoche, „müssen Sie einen zusätzlichen Beruf lernen: Eltern.“ Die Umstände verlangen dabei eine möglichst steile Lernkurve, das Lehrmaterial ist dagegen eher unübersichtlich. Im Rückblick betrachtet kamen die wertvollsten Anregungen weder wie früher aus der Generation der Eltern oder Großeltern noch aus irgendwelchen Baby-Büchern. Sondern immer von Freundinnen, die schon Kinder haben und von anderen Müttern oder Vätern aus dem Bekanntenkreis: Ein starker schwarzer Tee auf die betroffenen Hautstellen aufgetupft hilft am besten gegen einen wunden Po, beispielsweise. Oder: Auch mit einer verdünnten Milch lässt sich ein Kind nachts beruhigen.

Als Markus während seiner Elternzeit tagsüber mit Polly ins Müze ging (Abkürzung für Mütterzentrum), kam er abends mit Hirsebällchen aus dem Bioladen nach Hause, auf die er bei den anderen Eltern aufmerksam wurde.

Doch dieses wertvolle Erfahrungswissen, insbesondere was die Ernährung angeht, bezieht sich in der Regel auf das erste Lebensjahr. Dann ist die komplizierte Breizeit vorbei, und danach wurschtelt jeder vor sich hin, weil die Kinder ja eh mehr oder weniger bei den Erwachsenen „mitessen“ und alles essen dürfen, was sie vertragen können. Doch was bedeutet das eigentlich? Unter anderem, dass die komplette Familie klassisches Kinderessen, z. B. Nudeln mit Erbsen und Mais isst!

Wir möchten hier von unseren Erfahrungen berichten. In welchem Maße wir uns umgestellt haben. An welchen Stellen die Umstellung nicht geklappt hat. Wo und wie wir einkaufen. Wie wir kochen und essen, seitdem wir eine Familie geworden sind und nicht zuletzt, welche Entwicklung ein Kind durchmacht: Pollys Vorlieben, ihr Essverhalten und ihre Geschmacksbildung. Prima durch die komplette Kleinkindzeit kommt man darüber hinaus mit den unkomplizierten Rezepten, die den kindlichen Sortierwahn berücksichtigen. Viele Rezepte lassen sich mit zusätzlichen ein oder zwei Zutaten – Kreuzkümmel, Käse, Kapern – zu leckeren Gerichten abwandeln, die den Eltern mehr Geschmackserlebnisse bieten. Weder hinterlassen sie große Berge Abwasch, noch dauern sie unangemessen lange in der Zubereitung. Alle Rezepte sind großzügig bemessen und reichen auf jeden Fall für zwei Erwachsene und ein Kind, tendenziell bleibt eher eine Portion übrig, z. B. für ein weiteres Kind oder man hat gleich für den nächsten Tag vorgekocht und kann die Reste einfrieren.

Viel Erfolg und Freude beim Nachkochen und Ausprobieren!
Anja Fleischhauer und Markus Eckstein

Was man braucht

Einkaufen

In der Säuglingszeit war unser schlimmster Albtraum, dass wir nachts eine Flasche machen müssen und das Milchpulver ist alle. Wir hatten immer neben dem angebrochenen Pre-Nahrungspaket mindestens ein ungeöffnetes Paket im Vorratsschrank. Nach ihrem ersten Geburtstag hat Polly dann statt Pre-Nahrung Kuhmilch getrunken und ich deponierte zwei Liter H-Milch in unserem Keller, falls uns irgendwann einmal die Milch ausgehen sollte. In dieser Phase haben wir den Hang zum Lebensmittel-Bunkern entwickelt. Als Polly dann normal mitessen konnte, stellten wir fest, dass unser Kühlschrank so voll war, als hätten wir drei Kinder! Dementsprechend wurde viel weggeschmissen. Dazu kam, dass wir tendenziell zu viel gekocht haben und generell Pollys Appetit überschätzten, sodass bei jeder Mahlzeit zu viel übrig blieb. Wir haben dann versucht darauf zu achten, gleich beim Einkaufen Maß zu halten, nicht vier Gemüsesorten zu kaufen, sondern nur zwei. Oder Käse: Regelmäßig wurde er schimmelig, weil wir abends spontan eine Suppe gekocht haben statt kaltes Abendbrot zu machen. Wenn es gar nicht mehr so viele Optionen gibt, kann dies den Ess-Alltag auch ziemlich vereinfachen. Nach einem guten Jahr der Anpassung an die neue Ess-Situation haben wir es ganz gut im Griff, nicht mehr so viel wegzuschmeißen.

Bewusst einkaufen klappt nicht immer

Grundsätzlich achten wir, wenn möglich, darauf, dass unser Obst und Gemüse nicht um die halbe Welt geschickt wird. Polly muss nicht, und ihre Eltern noch viel weniger, im Mai Trauben aus Argentinien essen. Oder im Dezember grüne Bohnen, die mit dem Flugzeug zu uns gebracht werden. Nicht weil diese Bohnen womöglich weniger Vitamine enthalten als solche, die einen kurzen Transportweg hinter sich haben. Sondern weil so unsere Umwelt weniger leidet. Doch wenn man mal ehrlich ist: Kaufentscheidungen ergeben sich gerade mit Kind spontan aus der Situation heraus, zumindest ist das bei uns so. Und hoch lebe der Pragmatismus! Ich brauche z. B. Paprika für ein Gericht. Ich schaffe es am Samstag nicht mehr auf den Markt, wo es bei uns im Sommer diese herrlichen Spitzpaprika gibt, die im Weinberg angebaut werden und entsprechend viel Sonne abbekommen. Weil alle Termine eh schon so eng getaktet sind, kaufe ich auf dem Weg nach Hause bei Norma Paprika und greife dort zur Bio-Variante – auch, weil der Preis für Bio im Discounter absolut im Rahmen ist. Bio-Obst und -Gemüse schneidet in vielen Untersuchungen, was die Inhaltsstoffe angeht, nicht besser ab als konventionell erzeugtes. Es trägt aber z. B. dazu bei, dass durch die Fruchtfolge die Böden nicht zu stark ausgelaugt werden und weniger Pflanzenschutzmittel die Umwelt verschmutzen.

Auf dem Wochenmarkt

Samstags auf dem Wochenmarkt einzukaufen ist gerade im Sommer oder im frühen Herbst eine regelrechte Freizeitbeschäftigung, für die ich gerne früh aufstehe, besonders, wenn ich abends mit meinen Freundinnen eine von unseren berühmten Kochsessions plane. Diese Fülle, diese Farben, das macht mich einfach glücklich: Kürbisse, Mangold und unbekanntes Blattgemüse. Darüber hinaus kann man auf sogenannten Erzeugermärkten die besten und oft auch preiswertesten Obst- und Gemüsesorten aus regionalem Anbau kaufen. Da kann in der Regel kein Gemüseladen und erst recht kein Supermarkt mithalten. Im Sommer gibt es z. B. die besten und billigsten Erdbeeren auf dem Markt zu kaufen. Die Auswahl an Äpfeln und Birnen – oft gibt es bei den Apfelbauern zehn oder mehr unterschiedliche Sorten – ist nicht zu toppen, und bei den meisten darf man auch probieren. Spargel und Steinpilze, rot- oder gelbstieligen Blattmangold und zuckersüße Möhren kaufen wir immer nur auf dem Markt – schlichtweg, weil es dieses Gemüse nirgendwo in besserer Qualität und zudem günstiger gibt. Aber Achtung: Man muss schon ein bisschen mitdenken und gegebenenfalls nachfragen, denn auch auf dem Markt stammt nicht alles von den Bauern selbst!

Gut für den Rücken: die Biokiste

Als Polly noch ein Baby und ich tagsüber alleine mit ihr zu Hause war, hatten wir ein Abo für eine Biokiste. Der Hauptgrund war, dass ich neben einem Sechs-Kilo-Baby, Windeln, Feuchttüchern und was man sonst noch alles so braucht, nicht auch noch unsere Einkäufe in den zweiten Stock hochschleppen wollte. Unser Bioanbieter lieferte auch gleich Apfelsaft, einen Zwölferkarton Milch, Brot, Käse und alles Mögliche mit. Eine superpraktische Angelegenheit! Wir hatten kein Abo, sondern haben jede Woche online angehakt, was wir in unserer Kiste haben möchten. Bei den wöchentlichen Abo-Kisten konnte man bei unserem Anbieter unterscheiden zwischen: Gemüse-Schonkost ohne Zwiebeln, Lauch etc., schneller Küche, Rohkost, heimischem Gemüse und reinen Obstkisten.

Als ich wieder arbeitete, sich mein Rücken langsam erholte und Markus das Einkaufen übernahm, bestellten wir immer seltener, und irgendwann schlief es ganz ein. Jetzt stehen die leeren Kisten in Pollys Zimmer, und wir bewahren ihre Bücher in ihnen auf. Bestimmt kommen irgendwann wieder Zeiten, in denen wir eine Biokisten-Entlastung gut gebrauchen können, aber zurzeit ist das Einkaufen mit Polly nach der Krippe auch immer ein kleiner Programmpunkt, über den ich ganz glücklich bin, weil sie mit Begeisterung im Einkaufswagen sitzt und dabei hilft, alles einzuladen. Leider gibt es keine Website, die zuverlässig die Bio-Lieferanten in der Nähe auflistet. Aber googlen nach dem Ort, an dem man lebt und dem Begriff „Biokiste“ tut's meist auch. So haben wir es zumindest gemacht.

Einkaufen im Bioladen

Wir haben auch schon vor Polly im Bioladen eingekauft, z. B. Fleisch und alles, was es nicht im normalen Supermarkt gibt. Fleisch ist um ein Vielfaches teurer, weil artgerechte Tierhaltung um ein Vielfaches aufwendiger ist. Aber der hohe, besser: faire Preis lohnt sich, weil Bio-Fleisch auch besser schmeckt. Ein Bio-Brathähnchen wird nicht trocken, sondern bleibt saftig und sein Fleisch ist so viel besser als ein konventionelles und hochgezüchtetes Hähnchen. Weil Polly so ein Käse- und Wurstmonster ist, kaufen wir auch ab und zu alternative Brotaufstriche im Bioladen. Hoch im Kurs steht beispielsweise Mandelmus (schön fettig), das superlecker zu Haferflocken oder einfach nur gelöffelt gut schmeckt. Prima ist beispielsweise Apfel- oder Birnenkraut, das es im Rheinland oft im Supermarkt zu kaufen gibt. Im Bioladen kriegt man beides auch ohne zugesetzten Zucker. Ich finde darüber hinaus, dass es im Bioladen die leckerste gekörnte Brühe gibt – sowohl Gemüsebrühe als auch Brühe vom Rind oder Huhn –, ganz davon abgesehen, dass diese keine Geschmacksverstärker enthalten.

Ich habe auch ein größeres Vertrauen in Fertigprodukte aus dem Bioladen. In Bio-Lebensmitteln

dürfen nach der EG-Öko-Verordnung 47 Lebensmittelzusatz- und -hilfsstoffe eingesetzt werden – im Gegensatz zu 316 Stoffen bei konventionell produzierten. Gerade bei Produkten, die in irgendeiner Art und Weise vorgefertigt sind und länger haltbar, lohnt es sich jedenfalls, auf die Zutatenliste zu schauen.

Einkaufen bei Nilgün

Wir wohnen mitten in der Stadt, und die nächste Einkaufsmöglichkeit ist ein türkischer Gemüseladen. Die Betreiberin Nilgün kennt praktisch jeden im Viertel und hat neben Obst und Gemüse und den neusten Infos auch kleine, mit angebratenem Gemüse gefüllte Hefetaschen (die Polly auch gerne mag). Was ich am meisten mag in solchen Läden, ist, dass man beim Durchstöbern Lebensmittel findet, die es eben nicht überall gibt. Beispielsweise stecknadelkopfgroße Nudeln oder andere Suppennudeln, die besten Datteln, die es nicht in unsere normalen Supermärkte schaffen oder andere feine Süßigkeiten, z. B. arabische Makrout, ein Gebäck aus Grieß mit Dattelfüllung, das es traditionell während des Ramadans gibt. In einem arabischen Supermarkt habe ich auch einmal ganz tolles marokkanisches Olivenöl zu einem günstigen Preis gekauft, das aromatischer ist als jedes italienische Olivenöl.

Einkaufen im Asialaden

Im Asialaden kaufe ich schon immer Duftreis oder Sushireis und allerlei Würzzutaten, wie z. B. Fischsauce oder Fünf-Gewürze-Pulver. Bei asiatischen Saucen, Pasten und Brühwürfeln (z. B. für Pho Bo) bin ich, wenn Polly mitisst, bislang immer noch zurückhaltend gewesen, weil oft eine ordentliche Ladung Glutamat drin ist. Die Nudelauswahl im Asialaden ist aber riesengroß und absolut kindertauglich. Da gibt es beispielsweise dicke, schon vorgekochte Udon-Nudeln, die etwa in ihrer Stärke und Länge Regenwürmern gleichen. Oder Soba-Nudeln, japanische Buchweizennudeln, die prima in Suppen schmecken (siehe „Alle Kinder lieben Nudeln“ S. 36). Was Polly auch gerne isst: Edamame. Das sind junge Sojabohnen samt Hülse, die es im Asialaden in 400-Gramm-Paketen tiefgefroren zu kaufen gibt. Man bekommt sie auch in japanischen Restaurants serviert. Traditionell isst man Edamame als Vorspeise oder Snack. Sie werden einfach nur in Salzwasser gekocht, und man muss die Bohnenkerne dann nur noch herauspulen (die Hülsen können nicht mitgegessen werden). Eine prima Beschäftigungstherapie für schon etwas größere Kinder (S. 81)!

Markus empfiehlt: Apps für die Einkaufsorganisation

Wer bringt Brot mit? Ist das Obst schon gekauft, und gibt's zu Hause noch genügend Windeln? Organisation ist alles und wenn man sich die Arbeit teilt, hilft es ungemein, wenn alle auf dem gleichen Informationsstand sind. Gleichzeitig sieht man sich aber gar nicht mehr so oft. Einer kümmert sich ums Kind, der andere ist arbeiten und dort möglicherweise auch nicht jederzeit für ein kurzes Telefonat zu haben. Doch bei der Einkaufslogistik kann man sich heute wunderbar von der Technik unterstützen lassen. Das Internet macht's möglich. Haben beide Elternteile ein Smartphone, lässt sich der Einkaufszettel bequem organisieren und ist für jeden überall und jederzeit auf dem aktuellen Stand.

Mit speziellen Diensten und Applikationen, auch Apps genannt, kann man jederzeit bequem Einkaufslisten einsehen und bearbeiten. Der Vorteil: Es gibt eine gemeinsame Einkaufsliste, die zu jeder Zeit den aktuellen Stand der Dinge zeigt, und da diese im Internet abgelegt ist, kann man mit jedem internetfähigen Gerät auf diese Liste zugreifen. Und das geht heute auch mit den meisten Handys. Diese Dienste und Apps sind allesamt recht simpel zu bedienen. Für Handy und Computer gibt es jeweils eigene kleine, übersichtliche Programme. Und dabei spielt es keine Rolle, ob das Handy von Apple stammt, mit dem Google-Betriebssystem Android oder Microsofts Windows Phone arbeitet. Für jedes dieser Handy-Betriebssysteme gibt es die passende Version der App. Und das Beste: Weder die Installation noch die Nutzung kostet etwas. Man zahlt lediglich wie gewohnt für die Internetverbindung. Es gibt wie gesagt eine Vielzahl ähnlicher Dienste und womöglich gibt es auch bessere. Doch die folgenden drei habe ich selbst schon lange im Einsatz, weil sie alle einfach zu bedienen sind und genau das machen, was ich will.

Evernote

Evernote will dafür sorgen, dass man nichts vergisst. Der Dienst ist eine ausgefuchste Notizfunktion, bei der die Notizen an PC oder Handy erstellt oder verändert und danach mit einem Webserver synchronisiert werden. Durch die Synchronisierung findet sich auf jedem Gerät, mit dem man Evernote nutzt, jeweils die aktuelle Version. Da die Notizen aber auch direkt auf dem Gerät liegen, kann man die Einkaufsliste auch verändern, wenn man gerade mal keine Internetverbindung hat. Auch Fotos lassen sich als Notiz speichern. Das kann sinnvoll sein, um dem anderen zu helfen, wirklich das richtige Nudelpaket im Regal zu finden. Man kann die Notizen mit Schlagworten versehen und eigene Notizbücher anlegen. Es ist möglich, Evernote so zu nutzen, dass jeder ein eigenes Nutzerkonto hat und dann teilt man sich beispielsweise ein Notizbuch.

Wunderlist

Ist Evernote eher als Notizbuch gestaltet, so werden Informationen von Wunderlist generell in Listenform organisiert und dargestellt. Gedacht ist Wunderlist, um Aufgaben zu organisieren. Einzelne Aufgaben können mit Terminen versehen werden, man kann sie als *wichtig* markieren oder mit einem Klick als *erledigt* von der Liste nehmen. Wunderlist ist gerade für Einkaufszettel noch übersichtlicher, der Dienst Evernote mit der Möglichkeit Bilder oder Webseiten zu speichern, etwas mächtiger.

Our Groceries

Our Groceries, zu deutsch „Unsere Lebensmittel", ist eine App, die noch ein bisschen mehr auf den Einsatz als Einkaufshilfe ausgelegt und schön gestaltet ist. Weil das Programm grundsätzlich die Listen mehrerer Familienmitglieder synchronisieren kann, hat jeder stets die aktuelle Einkaufsliste im Smartphone. Kauft Anja Windeln und Milch bei dm und streicht diese Positionen aus der Liste, sehe ich das und weiß, dass ich diese Artikel nicht mehr einkaufen muss. Oder sie notiert in der App, dass wir Brot brauchen – Brot erscheint als neuer Punkt auf unserer Einkaufsliste.

Polly und die Gute Luise

Ich kannte, bevor ich Vater wurde, weder fünf Apfelsorten noch wusste ich, wie lange sich Birnen einlagern lassen. Mittlerweile kenne ich mich nicht gut, aber ein bisschen besser aus, und das geschah nicht willentlich, sondern ganz automatisch. Und weil sich Qualität einfach durchsetzt. Das klingt klischeehaft, ist aber wahr. Wenn man mit Brombeeren zu früh dran ist, sind es echt saure Dinger, kommt man etwas zu spät, sind sie matschig und schimmeln gern. Doch eine Brombeere zur rechten Zeit ist ein Traum von charaktervoller Süße und sämiger Saftigkeit. Und so lernt man, indem man sich einfach auf seinen eigenen Geschmack verlässt und dann irgendwann, weil es einfach schneller geht, man den Gemüsehändler der Wahl ungerührt und ungehemmt befragt, ihm beschreibt, was man will: Birne, saftig, aber nicht zu matschig, kräftig süß, gerne mit einer dezent sauren Note und so bissfest, das man beim Zuschnappen Widerstand spürt und doch so weich, dass man auch ohne Zähne durchkommt: die Gute Luise. Vieles hat auch wunderschöne Namen.

Meine Elternzeit fiel in den Herbst. Weil Birnen so schön saftig sind und man sie auch zahnlos gut essen kann, habe ich jede Woche Birnen kaufen müssen und zunächst viele neue Birnensorten ausprobiert. Doch Polly liebte besonders die Gute Luise und aß sie pfundweise. Bis in den Dezember hinein schmecken sie noch. Nun wohnen wir in einer Region, in der es ganz tolles Obst gibt, viele Sorten, insbesondere Äpfel und Birnen. Da ist es wenig sinnvoll, im Supermarkt oder Discounter Braeburn-Äpfel oder steinharte Abate-fetel-Birnen zu kaufen, die fad schmecken.

In anderen Regionen sieht das aber ganz anders aus. Anjas Freundin, die es nach Wanne-Eickel verschlagen hat, ist jedes Mal total angetan, wenn sie zu Besuch bei uns in einen für uns stinknormalen Apfel beißt. Und lustigerweise hat auch ihre Tochter Loki, die genauso alt ist wie Polly und normalerweise nicht so gerne Obst isst, ordentlich zugelangt, als wir mal die Gute Luise aufgetischt haben. Klar, das liegt auch daran, dass kleine Kinder anderen kleinen Kindern nacheifern, aber ich bin fest davon überzeugt, dass schon die Allerkleinsten unterscheiden können zwischen einer richtig guten und einer „normalen" Birne. Birnen kann und sollte man auf Vorrat kaufen, da sie oft noch nachreifen müssen. Die meisten Sorten sollte man noch zwei bis drei Tage liegen lassen, bevor sie weich und süß werden. Irgendwann kommt dann die Zeit, dass Birnen mehlig werden. Dann weiß man: Die Saison ist rum. Vorsicht: Ab dem Frühjahr stammen die Birnen und ab Mai auch die Äpfel bei uns im Handel in der Regel aus Übersee – Argentinien, Chile oder Südafrika.

Top-5-Birnensorten

- Gute Luise
- Gellerts Butterbirne
- Williams Christ
- Conference
- Stuttgarter Geißhirtle

Top-5-Apfelsorten

- Topaz
- Elstar
- Pinova
- Rubinette
- Cox Orange

Endlich richtig essen

Pollys Breizeit ist vorbei

Ein Urlaub im Hotel mit Büfett setzte Pollys Breizeit mit zehn Monaten ein jähes Ende. Nach einer Woche Gemüse und Fisch vom Hotelbüfett lehnte sie zu Hause jede Art von Brei ab. Dies fiel zeitlich in meine Vaterzeit und so war ich verantwortlich für die warme Mahlzeit am Mittag. Bis dahin war es mit Polly immer unkompliziert gewesen. Wir zwei waren viel draußen unterwegs, es war Sommer, und zwischendurch fütterte ich ihr zur Mittagszeit ein Gläschen (zu meiner Schande muss ich gestehen: ich habe es in seltensten Fällen warm gemacht!). So begann jedenfalls die kurze Zeit, in der ich nicht kochte, sondern viel eher bastelte, um den Brei in einen anderen Aggregatzustand zu bringen. Während unseres Urlaubs auf den Kanaren aß Polly gerne Tortilla, und so habe ich mit Gemüse gepimpte Tortilla-Küchlein angefangen. Ideal, um ihr Kartoffeln unterzujubeln! Sowohl die Tortillamuffins als auch die Nudelmuffins lassen sich problemlos einfrieren. Deswegen sind die Mengen für jeweils zwölf Stück berechnet.

Anfassen, festhalten, drücken: einfach toll

Hat man sein Essen einmal in die Hand genommen, gibt man es so schnell nicht wieder her. Das war mir natürlich zunächst etwas fremd, doch beim Zuschauen konnte man sich dann doch wieder an den Spaß erinnern, im Essen zu mantschen und sich das Ganze haptisch anzueignen. Und welche Offenbarung muss das sein, wenn man bis dahin die Mahlzeiten direkt eingeflößt bekam, sich direkt einsaugte, ohne sie sehen oder gar ertasten zu können. Da wächst die Welt ein ganz großes Stück. Und dann hab ich festgestellt, dass komplexe Kreationen zwar noch gut zerlegt werden konnten, im Mund aber aufgrund der haptischen Inkonsistenz, Weiches und Hartes gleichzeitig, für Irritationen sorgten. Ob das bei jedem Kind so ist? Keine Ahnung. Die einzige Lehre: Immer beobachten, nicht immer liegt's am bloßen Geschmack, ob etwas ankommt.

Fingerfood für Beginners

All dies lässt sich auf den Kauleisten und am Gaumen leicht zerdrücken:

Weich Gekochtes

- Möhren
- Brokkoliröschen
- Blumenkohl
- Zucchini
- Kürbis
- Kartoffeln

Rohes, fein geraspelt

- Möhren-Apfel-Salat (S. 103)
- Selleriesalat (S. 104)

Rohes

- Avocados
- Kirschtomaten
- Gurken am Stück
- Birnen
- Bananen
- Erdbeeren
- reife Pfirsiche/Nektarinen
- entkernte Trauben
- entsteinte Kirschen
- Melonen

Getreide

- kompakte Nudeln, wie z. B. Fussili oder Korkenzieher
- fein gemahlenes Vollkornbrot, weil es im Mund zerbröselt und nicht klumpt, im Gegensatz zu hellem Brot oder Brötchen

Tortillamuffins

»Das Grundrezept für die Tortillamuffins besteht aus klein geschnittenen und gekochten Kartoffeln, angebratenen Zwiebeln und Eiern. Man kann darüber hinaus jede Art von gekochtem Gemüse hineinmischen, wie z. B. Möhren, Brokkoli oder Erbsen. Ein super Reste-Essen, wenn vom Vortag noch Pellkartoffeln und Gemüse übrig sind. Achtung: Ich habe ein Muffinblech ruiniert, indem ich die Masse direkt in die ungefetteten Förmchen gegeben hatte. Am besten Papierförmchen nehmen, die man in doppelter Lage in das Muffinblech legt! «

Für 12 Muffins
10 Min. +
15 Min. Backzeit
300–400 g Kartoffeln
Salz
1 Zwiebel
Olivenöl
1 große Möhre (etwa 150 g)
3 Eier
gekörnte Gemüsebrühe
frisch gemahlener Pfeffer

- Die Kartoffeln schälen, waschen und in kleine Würfel schneiden. In Salzwasser gar kochen. Die Zwiebel abziehen, ganz fein würfeln und in Olivenöl in einer Pfanne weich dünsten. Die Möhre schälen oder unter fließendem Wasser gründlich abbürsten und klein schneiden. Die Möhren zu den Zwiebeln geben und weich dünsten. Den Backofen auf 190 Grad (Unter-/Oberhitze) vorheizen.

- Kartoffeln und Möhren etwas abkühlen lassen. Die Eier mit Gemüsebrühe, wenig Salz und Pfeffer würzen und mit dem Gemüse verrühren.

- Jede Kuhle im Muffinblech mit einer doppelten Lage Papierförmchen auslegen, die Ei-Kartoffel-Masse etwa halb hoch in die Förmchen füllen und die Tortillamuffins auf der mittleren Schiene etwa 15 Min. im vorgeheizten Backofen backen. Am besten die Tortillamuffins noch warm aus den Papierförmchen lösen, da sie sonst sehr fest kleben.

Das Brei-Experiment – bitte nicht nachmachen. In einem Ernährungsratgeber für Kinder hatte ich vom „Essen in der Badewanne" gelesen. Die Autorin berichtete darüber, wie ihre Kinder das Abendbrot ausnahmsweise in der Badewanne einnehmen dürfen. Ich war begeistert! Polly war zu dem Zeitpunkt sieben Monate alt. Wir hatten damals keine Badewanne und in ihren Badeeimer passte Polly kaum noch rein. Die Abwandlung sah folgendermaßen aus: Polly durfte ihren Grießbrei nackt in ihrer mit Handtüchern ausgekleideten Wippe essen. Ein Riesenspaß! Für alle Beteiligten! Zum furiosen Finale leerte Polly die Breischüssel über ihrem Gesicht aus. Im Nachhinein betrachtet, hätte ich besser Hirsebrei nehmen sollen, denn noch Tage später fanden sich Grießkörner in allen möglichen Hautfalten. Doch der gravierendste Effekt zeigte sich erst am nächsten Tag: Sie wollte sich nicht mehr füttern lassen und war gleichzeitig weit entfernt davon, den Löffel selber halten zu können. Es hat zwei anstrengende Wochen gedauert, bis Polly wieder akzeptierte, gefüttert zu werden und währenddessen fragte ich mich ständig, wie ich nur auf die Idee kam, Polly würde begreifen, dass alles nur eine Ausnahme war.

Tortillamuffins

Nudelmuffins mit Erbsen

›› Das Prinzip ist dasselbe wie bei den Tortillamuffins, nur nehme ich statt Kartoffeln gekochte Vollkornnudeln. Und anstelle von Erbsen kann man irgendein anderes Gemüse verwenden, was gerade zur Hand ist. Erbsen bieten sich allerdings an, weil sie zusammen mit den Nudeln in einem Topf gekocht werden können. ‹‹

Für 12 Muffins
10 Min. + 15 Min. Backzeit: 1 Zwiebel • Olivenöl • 100 g Vollkorn-Suppennudeln (Bioladen) • 2 Handvoll tiefgekühlte Erbsen • Salz • 3 Eier • gekörnte Gemüsebrühe • frisch gemahlener Pfeffer

- Die Zwiebel abziehen, ganz fein würfeln und in einer Pfanne in Olivenöl weich dünsten. Anschließend etwas abkühlen lassen. Die Nudeln zusammen mit den Erbsen in Salzwasser gar kochen. Den Backofen auf 190 Grad (Unter-/Oberhitze) vorheizen.

- Die Eier mit Nudeln, Zwiebeln und Erbsen vermischen und mit Gemüsebrühe, wenig Salz und Pfeffer würzen.

- Jede Kuhle im Muffinblech mit einer doppelten Lage Papierförmchen auslegen und die Ei-Nudel-Masse etwa halb hoch in die Förmchen füllen, nicht höher, sonst läuft's über, und die Eimasse ist extrem klebrig. Die Nudelmuffins etwa 15 Min. im vorgeheizten Backofen backen. Am besten die Nudelmuffins noch warm aus den Papierförmchen lösen, da sie sonst sehr fest kleben.

Grießschnitten

›› Grießschnitten kennt Markus aus seiner Kindheit, und in seiner Familie aß man sie mit Kartoffelsalat. Wir nehmen, wenn wir Grieß verwenden, immer Vollkorngrieß – ich finde, der Unterschied zu normalem Grieß ist minimal bzw. er ist fast leckerer als normaler und klumpt nicht so stark. ‹‹

Für Eltern + Kind
10 Min. + 5 Min. Garzeit: 250 ml Milch • 1 Prise Salz • frisch geriebene Muskatnuss • 100 g Vollkorngrieß • 1 Ei • Butter

- Milch, Salz und Muskat aufkochen. Den Grieß unter Rühren einstreuen, aufkochen lassen und den Grießbrei auf der ausgeschalteten Herdplatte 5 Min. quellen lassen. Anschließend das Ei zügig unterrühren.

- Ein Stück Frischhaltefolie auf der Arbeitsfläche auslegen und den dicken Grießbrei darauf streichen. Grießbrei einwickeln und zu einer dicken Rolle formen.

- Den Grießbrei abkühlen lassen und anschließend in Scheiben schneiden. Die Grießschnitten in einer beschichteten Pfanne in wenig Butter von beiden Seiten kurz anbraten.

Kartoffel-Möhren-Puffer

» Die im Ofen gebackenen Puffer schmecken wegen der enthaltenen Möhren schön süß und werden von kleinen Kindern gut vertragen, weil sie wenig Fett enthalten. Anstelle von Möhren sind folgende Varianten möglich: mit Kürbis, mit Zucchini oder mit Pastinake. Es lohnt sich, gleich mehr zu backen, weil der Arbeitsaufwand vergleichsweise hoch ist und sich die Puffer ganz unkompliziert einfrieren lassen. Übrigens: Der Teig lässt sich prima im Waffeleisen backen. «

Für Eltern + Kind
⏲ 15 Min. + 30 Min. Backzeit: 700 g Kartoffeln • 400 g Möhren • 1 Zwiebel • 2 Eier • 4 EL Weizen- oder Dinkel-Vollkornmehl • Salz • frisch gemahlener Pfeffer • Rapsöl (nicht kaltgepresst)

- Den Backofen auf 180 Grad (Ober-/Unterhitze) vorheizen. Ein Backblech mit Backpapier auslegen. Die Kartoffeln schälen, waschen und fein reiben. Die Möhren schälen oder unter fließendem Wasser gründlich abbürsten. Die Zwiebel abziehen. Möhren und Zwiebel ebenfalls fein reiben und zu den Kartoffeln geben.

- Den noch sehr feuchten Teig portionsweise mit den Händen ausdrücken. Die Eier und das Mehl unterrühren und den Teig mit Salz und Pfeffer würzen.

- Etwas Rapsöl auf eine Untertasse gießen. Die Hände leicht mit etwas Öl benetzen, kleine Portionen der Kartoffel-Möhren-Masse aus der Schüssel nehmen, schnell zu flachen Puffern formen und auf das Backblech setzen. Die Kartoffel-Möhren-Puffer im vorgeheizten Backofen etwa 30 Min. backen, dabei nach der Hälfte der Zeit einmal wenden.

Herzhafte Haferflocken-Waffeln

» Jahrelang lag unser Waffeleisen unangerührt im Schrank, aber dann kam Polly und seitdem ist es praktisch im Dauereinsatz. Wir haben ein rechteckiges Waffeleisen, das dicke Waffeln backen kann und das man überhaupt nicht einfetten muss. Schon ganz kleine Kinder lieben Waffeln (siehe auch S. 126) und diese hier sind einmal herzhaft zubereitet. Sie eignen sich prima fürs Abendbrot. Polly isst gerne Kräuterquark oder Gurken-Joghurt (S. 103) dazu. Achtung: Man muss für die Waffeln auf jeden Fall feine Haferflocken (mit blütenzarten Kölln-Flocken gelingt's am besten) verwenden, weil der Teig sonst nicht geschmeidig genug wird. «

Für Eltern + Kind
⏲ 15 Min.: 1 große Möhre (etwa 150 g) • 50 g Butter oder 50 ml Rapsöl (nicht kalt gepresst) • 2 Eier • 100 g feine Haferflocken • ½ TL Weinstein-Backpulver • 1 Handvoll frisch geriebener Parmesan • Salz • frisch geriebene Muskatnuss

- Die Möhre schälen oder unter fließendem Wasser gründlich abbürsten und auf der Gemüsereibe fein reiben. Die Butter schmelzen und leicht abkühlen lassen. Die Eier trennen und das Eiweiß zu festem Schnee schlagen.

- Möhren, Butter oder Rapsöl und Eigelbe in ein hohes Rührgefäß geben und mit dem Pürierstab pürieren. Die Haferflocken und das Backpulver zugeben und alles mitpürieren. Den Eischnee und den Parmesan unterheben und den Teig mit Salz und Muskat abschmecken. Sollte der Teig zu trocken sein, einfach ein wenig Wasser unterrühren. Aus dem Teig anschließend dicke Waffeln backen.

In der
Küche

Kochen

Früher hatten wir abends oft Freunde zum Essen da, und für solche Events wurde immer mit viel Liebe eingekauft. Wie herrlich, sich den halben Samstag in der Stadt rumzutreiben auf der Suche nach den passenden Lebensmitteln, die es auf dem Markt, beim Araber, Vietnamesen oder Wild- und Geflügelhändler gab! Da war Kochen Ausgleich und Entspannung, da wurde gebrutzelt und geschmort, Neues ausprobiert und Traditionelles abgewandelt. Wie oft man jetzt in der Küche steht und schälen, schnippeln oder schmieren muss, kann man sich ohne Kind kaum vorstellen! Wo wir früher am Wochenende mit zwei Mahlzeiten ausgekommen sind, gibt es nun mit Polly morgens Müsli, dann ein sehr frühes Mittagessen, nach dem Schlafen Obst und abends Brot, Käse und Salat oder Suppe.

Gleichzeitig empfanden wir es als große Entlastung, als die komplizierte Breizeit vorbei war, während der man für jede Zwischenmahlzeit gerüstet sein musste. Heute kann Polly unterwegs einfach einen Apfel essen oder man kann ihr erklären, dass sie kurz warten muss. Und in einer ihrer Experimentierphasen hat sie sich durch das komplette französische Käsesegment gefuttert, inklusive Blauschimmelkäse und echten Stinkern von Schaf und Ziege. Es wird mit der Zeit alles einfacher und besser!

Wir sind pragmatischer geworden

Im zweiten Lebensjahr des Kindes hat man als Eltern tagsüber kaum eine Verschnaufpause, es sei denn, das Kind schläft, und so haben wir selten etwas gekocht, dessen Zubereitung mehr als 20 Minuten in Anspruch nimmt. Daher essen wir oft ganz Simples, nämlich das, was Polly bekommt, weil es zu kompliziert ist, für uns Eltern etwas anderes zu kochen. So gibt es öfter einfach eine Gemüsesorte plus Reis, Nudeln oder Kartoffeln.

Einmal habe ich zum Mittagessen eine Lasagne gemacht aus frischen Teigblättern, die ich aus Frankreich mitgebracht hatte. Polly mochte sie nicht – zu viel Mischmasch. Oder meine allerbesten selbstgemachten fränkischen Grünkernküchle: Polly mochte sie nicht. Deswegen gibt es diese komplizierteren Geschichten abends für uns Eltern, wenn Polly schon im Bett ist. Sie kann dann am nächsten Tag kosten, ob sie es mag und falls nicht, ist schnell etwas anderes gekocht. Was beispielsweise auch gegen eine Lasagne spricht: der Riesenberg Abwasch. Ein Topf für die Sauce Béchamel, ein Topf für die Bolognese, dazu Schneebesen, Kellen und zuletzt die verkrustete Auflaufform. Am besten ist es, wenn anschließend maximal zwei Töpfe gespült werden müssen. Deswegen sind auch Suppen so überaus praktisch!

Kochen, wenn das Kind im Bett ist

Was eine große Wohltat ist und wir am Wochenende oft machen: früh am Abend Polly bei ihrem Abendbrot Gesellschaft leisten, vielleicht ein halbes Brot mitessen, um dann, wenn sie im Bett ist, aufwendiger für uns zwei zu kochen. Dann gibt es auch einen schönen (Koch-)Wein, sodass wir einen Ausgleich haben zu den manchmal etwas turbulenten Familienmahlzeiten. Das Beste daran: Man braucht keinen Babysitter.

Mit Essen kann man uns die größte Freude bereiten

An meinem ersten freien Wochenende als Mutter, das ich, ohne das frisch abgestillte Kind, mit meiner Freundin in einem Thermalbad herumliegend und schlafend verbracht habe, drehten sich unsere Gedanken nur ums Essen. Wie viel Zeit wir uns dafür lassen würden. Wie viele Gänge wir bestellen würden.

Als Zwei-, Drei- oder Viermonatige schlummerte Polly nur so lange selig in ihrer Wiege, bis wir still und heimlich etwas essen wollten. Kaum wanderte der erste Bissen Richtung Mund, schlug die Kleine Alarm. Markus und ich haben eigentlich das erste halbe Jahr immer nacheinander zu Abend gegessen oder einer von beiden hatte das Baby auf dem Arm. Und dann saß im Nu ein Kleinkind mit am Tisch, das nicht leiden kann, wenn sich seine Eltern länger als fünf Sätze miteinander unterhalten.

Als Polly mit einem guten Jahr in der Krippe war, haben wir uns ab und an in der Mittagspause getroffen, um gemeinsam in Ruhe, ohne Gematsche und Geklapper zu essen. Herrlich! Wenn wir uns beide einen Tag frei nehmen und den Tag zu zweit verbringen, gehen wir mittags auch immer essen – am besten schön exotisch.

Markus und Polly kochen

Wer gut organisiert ist, bereitet in den Schlafphasen des Kindes alles vor und ist so für jede Mahlzeit bestens gerüstet. Wem das stets gelingt, Hut ab. Falls es nicht immer gelingt: willkommen im Club! Wenn Polly wach war während des Kochens musste man sie mitmischen lassen. Dann saß sie bei mir in ihrer Wippe und war dort meist so entspannt, wie es ihr Vater gerade war. Und erfreulicherweise häufig ein bisschen entspannter. Nicht jede Anspannung hat sich sofort auf sie übertragen, aber eine gewisse Ruhe und Souveränität auszustrahlen, half auf jeden Fall. Die muss blöderweise aber echt sein, denn wenn ich die Gelassenheit nur gespielt habe, hat das Polly meist durchschaut.

Die Wippe stand entweder am Boden – so, dass man nicht ständig darüber stolpert und doch so nah wie möglich am Geschehen. Am liebsten aber saß Polly in der Wippe direkt auf der Arbeitsplatte, natürlich nur nach vorherigem Arbeitssicherheits-Check: Steht die Wippe sicher? Befindet sich nichts Bedenkliches in Reichweite? Polly beschäftigte sich dann gerne auch mit Küchenutensilien. Der Schneebesen war lange einer ihrer Favoriten. Damit ließ sich Krach machen, ohne dass es mir beim Schnippeln und Rühren zu sehr an den Nerven sägte. Wenn ich spät dran und der Hunger schon da war, halfen Hirsebällchen zum Überbrücken mit dem Nachteil, dass das eigentliche Essen dann womöglich nicht mehr so gut ankam.

Was auch zur Unterhaltung beiträgt und nicht zu sehr vom Kochen ablenkt: Musik, bei Polly gern genommen: Reggae. Oder man erzählt, was man da gerade macht. Auch ein Versuch wert: selber singen. Ich versuchte generell, wenn dann doch die Langweile quälte, nicht auf jede Beschwerde einzugehen. Wenn das Meckern nichts brachte, wurde das mitunter auch wieder eingestellt. Klappt aber leider nicht immer. Und mit einem brüllenden Kind zu kochen, macht nun wirklich keinen Spaß.

Generell sind zu aufwendige Gerichte zum gemeinsamen Kochen nicht unbedingt geeignet. Und wenn sich am Ende ein großer Berg Abwasch zum Spülen stapelt, hat man sich gleich das nächste Problem eingehandelt. Doch mit einfachen Gerichten, die in maximal zwanzig Minuten zubereitet waren, hatte ich gemeinsam mit Polly teilweise richtig Spaß beim Kochen. Nur bei den Küchengeräten war Vorsicht geboten: Mixer oder Rührgeräte sorgten zeitweise für Angst und Schrecken.

Mittagstisch außer Haus

Mit so einem kleinen Wurm ist man doch arg gebunden, und das kann teilweise etwas frustrierend sein. Wo ist meine Freiheit, wo ist mein Leben hin? Wir bleiben dabei: Die Freude an und mit Polly macht die Einschränkungen locker wett, doch in gelegentlich dunklen Stunden können schon mal solche Gedanken kommen. Umso wichtiger ist es, wenn man sich ein bisschen Freiheit zurückerobern kann.

Heißt beispielsweise: Man geht aus dem Haus und isst auswärts. Allein das Haus zu verlassen, ist dann manchmal schon eine große Hürde, doch was macht man mit der Kleinen beim Essen im öffentlichen Raum? Die Erfahrung zeigt: In den herzlichen Restaurants (ich empfehle die Italiener!), freut man sich über Abwechslung von der Business-Tagesessen-Kundschaft und bekommt was für die Kleine angeboten, z. B. eine kleine Portion Maiskörner oder etwas Reis. In schlechten fühlt man sich mit seinem Kinderwagen im Weg.

Mit Polly im Restaurant

Mit Polly im Restaurant zu essen geht noch nicht allzu lange. Wir hatten es in der Vergangenheit ein-, zweimal versucht, aber sie nahm jedes Mal den ganzen Laden auseinander. Und wir dachten lange Zeit, es gäbe einfach Kinder, mit denen man nicht ins Restaurant kann, weil es ein zu großer Stress ist. Doch mit etwa zweieinhalb Jahren war es, als hätte jemand bei Polly einen Schalter umgelegt. Plötzlich war sie superstolz, wenn sie mit uns im Café saß. Sie nippte vornehm von ihrer Milch und aß ihren Kuchen gesittet mit der Gabel. Seitdem schließen wir Essen außer Haus auch nicht mehr kategorisch aus. Am besten funktioniert es natürlich dort, wo Kinder sich ein bisschen frei bewegen können, z. B. im Biergarten.

Ein kleines Kind im Restaurant zu fragen, was es essen möchte, ist Unsinn und verunsichert es nur. Einer von uns Eltern bestellt dann etwas, von dem Polly auf jeden Fall mitessen kann, und fertig. Oft läuft es auf Würstchen oder Nudeln hinaus, und dazu nehmen wir meistens einen großen Salatteller, auf dem Polly eigentlich immer ein paar Gurkenscheiben, Kidneybohnen, Maiskörner oder Kirschtomaten findet. Wenn man schon mal außer Haus isst, muss das Essen auch nicht die Kriterien einer vollwertigen Mahlzeit erfüllen.

Das schmeckt gut außerhäusig:

- Nudeln in allen Variationen
- Gnocchi mit Butter
- Tortellini ohne Sauce
- Salat mit Gurke, Mais, Kidneybohnen, Kirschtomaten
- Pfannkuchen
- Crêpes
- Klebreis (beim Asiaten)
- Reibekuchen

Alles, was man mit Händen essen kann:

- Hähnchenschenkel
- Maiskolben
- Würstchen
- Garnelen
- Oliven
- Schupfnudeln
- Pizza
- Pommes
- Flammkuchen

Nudeln

Pasta basta

Wir ticken beide total übers Essen. Im Ausland planen wir intuitiv alles rund um die Mahlzeiten, gehen so oft es geht essen und probieren gerne Neues aus. Ein Land, das für seine schlechte Küche bekannt ist, hat kaum eine Chance, von uns bereist zu werden. Wir verleiben uns die fremde Kultur regelrecht ein. Folglich sind wir viel in Italien unterwegs. Klar, das Piemont mit seinen Trüffelsaucen ist herrlich, aber die Gemüseküche Süditaliens nicht zu toppen. Denn das ist, finde ich, die eigentliche Kunst: aus einfachsten, fast rein vegetarischen Zutaten etwas so Gutes hinzubekommen.

Als Polly irgendwann keinen Brei mehr mochte und bei uns anfing mitzuessen, stellte sich heraus, dass sich die vielen, ganz einfachen Pastavariationen hervorragend für die Kleinkindküche eignen. Oft ist es nur eine einzige Gemüsesorte, die zusammen mit den Nudeln auf den Teller kommt. Und am besten gelingt das, wenn die Gemüsesorten Saison haben. Da schmeckt im Juli ein Teller Nudeln mit zarten und jungen Zucchini natürlich ganz anders als mit wässrigen Dezember-Treibhaus-Zucchini. Übrigens gibt es selbst im Discounter gutes Gemüse, wenn man ein bisschen darauf achtet, es in der entsprechenden Jahreszeit zu kaufen. Im Herbst bekommt man Spitzkohl, Kürbis und Rosenkohl auch gut im Discounter. Im Sommer kriegt man ganz junge Zucchini auch bei Lidl, Netto und Co., die oft aus der Region stammen und nur kurze Transportwege hinter sich haben.

Nudeln plus X

Das Prinzip Nudeln plus Gemüse kommt vielen Essanfängern entgegen, da die Gerichte oftmals nur aus zwei Komponenten bestehen. Das lieben Kinder, auf dem Teller soll Ordnung herrschen. Und wenn die kleinen Sortierer gerade keinen Brokkoli mögen, essen sie sich eben an den Nudeln satt und lassen den Rest links liegen. Wenig Erfolg hatten wir anfangs mit komplexen Gerichten wie Lasagne, da die Kinder, wenn sie die Geschmackskombination nicht mögen, keine Ausweichmöglichkeit haben. Und aufwendig zu kochen sind Gerichte wie Lasagne obendrein.

Pimp my Pasta

In der süditalienischen Küche verwendet man zum Würzen in Öl oder Salz eingelegte Sardellen, die zusammen mit reichlich Olivenöl und gehacktem Knoblauch in die Pfanne kommen. Für Kinder, die gerade anfangen mitzuessen, ist dieser Geschmack häufig zu kräftig, und ganz davon abgesehen sollen sie ja auch noch nicht so salzig essen. Wir lassen dann einfach eine Kinderportion beiseite, die ja eh abkühlen muss, um nicht direkt und unwiderruflich abgelehnt zu werden. Für unsere Eltern-Gemüse-Ration lasse ich in einer Pfanne in reichlich Olivenöl ein bis zwei in Scheiben geschnittene Knoblauchzehen glasig werden. Dann kommen – je nachdem, wie salzig man es mag – Sardellen hinzu. In Salz eingelegte wasche ich vorher kurz ab. Die Sardellen schmelzen in dem Öl. Und in diesem leckeren Knoblauch-Sardellen-Öl schwenke ich nicht nur Brokkoli, sondern auch Zucchini oder grüne Bohnen. Selbst Freunde, die Fischartiges nichts sonderlich mögen, merken nicht, dass die Würze am Gemüse von Sardellen kommt. Achtung: Knoblauch darf keine Farbe annehmen, sonst schmeckt er bitter und überdeckt jeden anderen Geschmack.

Fussili mit jungen Zucchini

(für die Eltern mit Chili und Minze)

»Zucchini gibt es im Sommer für einen Spottpreis, am besten schmecken ganz kleine Exemplare, deren Kerne noch sehr zart sind. Ich finde, Zucchini sind oft langweilig zubereitet, weil sie totgekocht werden, aber angebraten und mit Biss können sie sehr gut sein.
Aus den Resten dieses Nudelgerichts lässt sich mit ein paar Tomatenwürfeln und Schafskäse, Mozzarella-Minis oder Parmesanspänen ein leckerer Nudelsalat oder kaltes Nudelgericht machen. Einfach mit etwas weißem Balsamico, Salz und Pfeffer abschmecken. «

Für Eltern + Kind

5 Min. + 10 Min. Garzeit

500 g kleine junge Zucchini
kräftiges Olivenöl
Salz
250 g Fussili
frisch gemahlener Pfeffer
frisch geriebener Pecorino

Für die Eltern

1 Handvoll frische Minze
½ Chilischote

- Die Zucchini waschen, putzen und der Länge nach halbieren oder vierteln. In 2 cm lange Stücke schneiden. Das Olivenöl erhitzen und die Zucchini darin anbraten, leicht salzen. Die Hitze herunterschalten, den Deckel auflegen und die Zucchini bissfest garen. Eine Kinderportion Zucchini beiseite stellen.

- Reichlich Salzwasser in einem großen Topf zum Kochen bringen. Die Fussili darin al dente kochen.

- Für die Eltern die Minze waschen und grob zupfen. Die Chili entkernen. Chili in Ringe schneiden und zusammen mit der Minze über die Zucchini streuen. Nicht mehr weiterkochen, weil sich sonst die Minzeblätter verfärben. Alle Portionen mit grob gemahlenem Pfeffer und Pecorino bestreuen.

Fussili mit
jungen Zucchini

Penne mit Blumenkohl und Petersilie

» Blumenkohl ist zugegebenermaßen ein nicht sehr aufregendes Gemüse, aber viele Kinder mögen ihn. Ich finde auch, dass Blumenkohl eines der wenigen Gemüse ist, das auch in der tiefgekühlten Variante gut schmeckt. Er hat den Vorteil, dass das „Kohlige" nicht mehr so stark heraussticht. Zusammen mit einem guten und kräftigen Olivenöl, Knoblauch und etwas Petersilie schmeckt er echt lecker. Polly hat im Sommer wochenlang die Blumenkohlsaison genossen. «

Für Eltern + Kind
5 Min. + 10 Min. Garzeit: 1 kleiner Blumenkohl (etwa 1 kg) • Salz • 250 g Penne • kräftiges Olivenöl • 1 Knoblauchzehe • frisch gemahlener Pfeffer • frisch geriebener Parmesan

- Den Blumenkohl waschen und in kleine Röschen brechen. Die Blumenkohlröschen in Salzwasser al dente kochen. Bei der Verwendung von tiefgekühltem Blumenkohl genauso verfahren (nicht auftauen, sondern gefroren ins Wasser geben). Die Petersilie waschen und klein schneiden.

- Reichlich Salzwasser in einem großen Topf zum Kochen bringen. Die Nudeln hinzufügen und darin al dente kochen.

- Das Olivenöl in einer großen Pfanne sanft erhitzen. Den Knoblauch abziehen, in Scheiben schneiden und im Olivenöl ganz leicht glasig werden lassen. Die Petersilie zugeben und die Blumenkohlröschen darin schwenken. Den Pfeffer über den Blumenkohl geben und mit Parmesan bestreuen.

Orecchiette mit Brokkoli

(für die Eltern mit Sardellen)

» Nudeln mit Brokkoli haben wir zum ersten Mal in Sizilien bei der angeheirateten Familie meines Bruders gegessen. Zum Mittagessen gab es einen ganz einfachen, aber herrlichen Romanasalat mit Stückchen einer kugelrunden Gurke, die fast schon wie eine Melone schmeckt und als zweiter Gang kam Pasta mit Brokkoli auf den Tisch. Der italienische Brokkoli ist nicht so kompakt und hat viel längere Stängel, mit unserem Brokkoli klappt es aber genauso gut. Wenn man ein gutes Olivenöl verwendet, sind diese Nudeln köstlich! «

Für Eltern + Kind
5 Min. + 10 Min. Garzeit: 500 g Brokkoli • 1 rote Zwiebel • kräftiges Olivenöl • 250 g Orecchiette • Salz
Für die Eltern: 1–2 Knoblauchzehen • 2–4 Sardellenfilets in Öl • frisch gemahlener Pfeffer • frisch geriebener Pecorino

- Den Brokkoli putzen, in Röschen teilen und – am besten im Gemüsedämpfer – bissfest garen. Die Zwiebel abziehen, in feine Ringe schneiden und in reichlich Olivenöl in einer beschichteten Pfanne anbraten, aber nicht bräunen. Ein paar Zwiebelringe und Brokkoliröschen für die Kinderportion beiseite stellen.

- Reichlich Salzwasser in einem Topf zum Kochen bringen. Die Nudeln darin al dente kochen.

- Für die Elternportion den Knoblauch abziehen, in Scheiben schneiden, zu den Zwiebeln in die Pfanne geben und ganz leicht glasig werden lassen. Die Sardellen abtropfen lassen, zu den Zwiebeln geben und schmelzen lassen. Den Brokkoli hinzufügen, mit Pfeffer würzen und mit Pecorino bestreuen.

Spaghetti mit zwiebeliger Tomatensauce

» In einem Urlaub in Süditalien haben wir rote Zwiebeln aus Tropea kennen gelernt, die es im Spätsommer auch bei uns zu kaufen gibt. Die Zwiebeln aus Kalabrien werden als Kranz geflochten angeboten und schmecken so süß und mild, dass selbst empfindliche Mägen sie auch roh gut vertragen. Die Tomatensauce wird umso besser, je länger sie kocht. Auch die Zwiebeln werden umso leckerer, je länger sie vorweg angedünstet werden – sie sollen aber keine Farbe annehmen! «

Für Eltern + Kind
5 Min. + 10 Min. Garzeit: 2 rote Zwiebeln (am besten mit Zwiebeln aus Tropea) • kräftiges Olivenöl • 1 Knoblauchzehe • 1 Dose geschälte Tomaten (400 g) • 1 TL gekörnte Gemüsebrühe • 250 g Spaghetti • Salz • 1 TL Zucker (nicht zu wenig) • frisch gemahlener Pfeffer
Für die Eltern: 1 EL Kapern • 1 Handvoll frisches Basilikum

- Die Zwiebeln abziehen, in dünne Ringe schneiden und in reichlich Olivenöl in einer beschichteten Pfanne andünsten. Knoblauch abziehen, in Scheiben schneiden, zu den Zwiebeln geben und kurz glasig werden lassen. Die Tomaten zugeben und mit einer Gabel zerdrücken. Die Tomatensauce mit Gemüsebrühe und Zucker würzen, den Deckel auflegen und mindestens 10 Min. einkochen lassen.

- Reichlich Salzwasser in einem Topf zum Kochen bringen. Die Nudeln darin al dente kochen.

- Die Sauce abschmecken, eine Kinderportion beiseite stellen und in die übrige Sauce die Kapern rühren. Je länger die Sauce jetzt noch kocht, desto besser. Die Pasta für die Eltern mit dem grob gehackten Basilikum bestreuen.

Conchiglie mit gedünstetem Spitzkohl

» Spitzkohl ist eine sehr zarte Kohlvariante, und man kann ihn prima roh essen. Im Gegensatz zu normalem Weißkohl kann man aus ihm, ohne dass er stundenlang durchziehen muss, ruckzuck einen Salat machen. So entstand auch diese Pastavariation: Für uns gab es Spitzkohlsalat und für Polly mit ihren vier bis sechs Zähnchen eine Handvoll in Streifen geschnittene Kohlblätter in wenig Olivenöl angedünstet. Ich war mir nicht sicher, ob sie ihn mag, aber Spitzkohl ist seitdem Pollys Lieblingsgemüse. Der gedünstete Spitzkohl braucht unbedingt ein kräftiges Olivenöl, dann schmeckt er auch nicht mehr so kohlig, und außer Salz und frisch gemahlenem Pfeffer braucht er keinerlei Gewürze. «

Für Eltern + Kind
5 Min. + 10 Min. Garzeit: 1 kleiner Spitzkohl (etwa 1 kg) • kräftiges Olivenöl • Salz • 250 g Conchiglie • frisch gemahlener Pfeffer

- Vom Kohl die äußeren Blätter entfernen, den Spitzkohl waschen und der Länge nach halbieren. Den festen Strunk keilförmig herausschneiden und den Kohl in dünne Streifen schneiden.

- Den Kohl in Olivenöl kurz kräftig anbraten, er soll dabei aber keine Farbe annehmen. Dann salzen, den Deckel auflegen und auf kleinster Flamme 10–15 Min. dünsten. Ab und zu umrühren. Je nachdem, wie kaufreudig das Kind ist, auch kürzer kochen.

- Reichlich Salzwasser in einem großen Topf zum Kochen bringen. Die Nudeln darin al dente kochen.

- Vor dem Servieren Pfeffer darüber mahlen.

Makkaroni mit Fenchel und Rosinen

(für die Eltern mit frischen Sardellen)

» Die Kombination aus Fenchel und Rosinen ist typisch sizilianisch. Dort verwendet man zwar wilden Fenchel, der von seiner Konsistenz eher an Dill erinnert, doch mit dem hier erhältlichen Fenchel finde ich die Pasta fast leckerer. Die Variante für die Elternportion ist etwas aufwendiger, aber so köstlich, dass man die Fenchel-Pasta mit frischen Sardellen durchaus auch Gästen auftischen kann. Frische filetierte Sardellenfilets bekommt man in guten Fischgeschäften. Ansonsten einfach ganze kaufen und selbst Kopf und Mittelgräte entfernen. Achtung: Nicht verwechseln mit gesalzenen Sardellen. Hier brauchen wir frisch gefangene Sardellen, die aussehen wie kleine Mini-Sardinen. «

Für Eltern + Kind

5 Min. + 15 Min. Garzeit

500 g Fenchel
kräftiges Olivenöl
1 Handvoll Rosinen
Salz
frisch gemahlener Pfeffer
250 g Makkaroni

Für die Eltern

200 g filetierte frische Sardellen
1 kleine Handvoll Semmelbrösel
1 unbehandelte Orange

- Die äußeren harten Fenchelblätter und die Stiele abtrennen und den Fenchel waschen. Die Knollen halbieren und klein schneiden. Olivenöl in einem Topf mit passendem Deckel sanft erhitzen und den Fenchel darin andünsten. Die Rosinen heiß abspülen und zum Fenchel geben. Salzen, den Deckel auflegen und den Fenchel auf kleinster Flamme bissfest garen. Ab und zu umrühren und eventuell etwas Wasser zugeben. Mit Salz und Pfeffer abschmecken.

- Reichlich Salzwasser in einem großen Topf zum Kochen bringen. Die Nudeln darin al dente kochen.

- Den Ofen auf 180 Grad (Ober-/Unterhitze) vorheizen. Für die Eltern die frischen Sardellenfilets nebeneinander in eine geölte Auflaufform legen. Salzen, pfeffern und mit den Semmelbröseln bestreuen. Die Orange heiß abwaschen, ein wenig von der Schale abreiben und auf den Sardellen verteilen. Mit Olivenöl beträufeln und 20 Min. im vorgeheizten Backofen backen.

- Für die Elternportion Makkaroni mit dem Fenchel mischen und die Sardellen obenauf platzieren.

Makkaroni mit Fenchel und Rosinen

Bavette mit Walnuss-Pesto

Bavette mit Walnuss-Pesto

» Die Salsa di noce ist superlecker, aber mächtig. Wir sind nicht unbedingt Sahnesaucen-Fans, aber zum Herbst passt das Walnuss-Pesto super. Man kann die Walnusskerne häuten, aber ich kann keinen Unterschied feststellen zur Variante mit ungehäuteten Walnüssen. Also einfach dran lassen. Wem langweilig ist, kann die Walnusskerne drei Minuten in kochendes Wasser legen und anschließend die Haut abfummeln.
Wir haben in unserem Obstgarten auch einen Walnussbaum, und Polly findet es superspannend dabei mitzuhelfen, das Fallobst und die Nüsse einzusammeln. Aber Achtung: Frische Walnüsse müssen erst vollständig austrocknen, weil sie sonst bitter schmecken – das geht am besten in der Nähe einer Heizung. Noch nicht getrocknete, sogenannte Schälnüsse sind weicher, aber man muss vor deren Verzehr die inneren Häute entfernen. «

Für Eltern + Kind
10 Min.
250 g Bavette oder andere Bandnudeln
Salz
100 g Walnusskerne
100 g Parmesan
200 g Sahne
50 ml Milch
⅛ Knoblauchzehe
frisch gemahlener Pfeffer

- Reichlich Salzwasser in einem großen Topf zum Kochen bringen. Die Nudeln darin al dente kochen.

- Die Walnüsse grob hacken, den Parmesan reiben. Mit einem Pürierstab zuerst die Walnüsse zusammen mit der Sahne pürieren, dann den Käse zugeben und die Milch unterrühren. Den Knoblauch pressen und zugeben. Alles cremig pürieren und kräftig mit Salz und Pfeffer abschmecken.

- Die heißen Nudeln mit reichlich Walnuss-Pesto verrühren und evtl. noch etwas Kochwasser zum Verlängern zugeben.

Ohne geht's nicht: Olivenöl. Wir verbrauchen Unmengen Olivenöl. Ich weiß, dass Rapsöl die gesündere Variante ist, aber geschmacklich geht nichts über ein kräftiges Olivenöl. Raffiniertes Rapsöl benutze ich zum Braten von Fleisch und nehme es im Wechsel mit Walnussöl für Salat-Dressing. Aber an Gemüse kommt mir nur Olivenöl. Und alle Gemüse-Pasta-Variationen in diesem Kapitel funktionieren nur mit Olivenöl!
Auf einer kroatischen Insel haben wir einmal gebratenen Tintenfisch, gedünsteten Kohl und Kartoffeln gegessen und uns jahrelang gefragt, wie unsere Herbergsmutter einen solchen Geschmack an das Gemüse gekriegt hat. Seitdem ich einmal in einem arabischen Lebensmittelladen, in dem man auch Couscous und Salzzitronen bekommt, ein marokkanisches Olivenöl gekauft habe, weiß ich, was es war: ein herrliches Olivenöl. Normalerweise gibt es diese Art von Öl immer nur direkt bei den Olivenbauern zu kaufen – vorzugsweise auf dem Markt, abgefüllt in einer Plastikflasche. Für Dressings ist es fast schon zu würzig, aber eignet sich super, um darin Gemüse anzudünsten. Aus allen unseren Mittelmeer-Urlauben bringen wir seitdem Olivenöl mit. Unsere Favoriten: Olivenöl von der Insel Šolta/Kroatien und aus Saranda/Albanien.

Fussili mit sahnigem Kürbis

» Polly war lange Zeit keine Kürbisfreundin und hat als Baby keine Kürbisgläschen gegessen. Heute werden die süßlichen Kürbiswürfel und die würzige Parmesan-Sahnesauce regelmäßig restlos weggeputzt. Mit geschältem Kürbis wird das Gemüse etwas geschmeidiger. Sehr junge Esser stören sich oft an der harten Schale. Man kann eigentlich alle Kürbissorten für die Pasta verwenden, z. B. auch Butternut oder Muskatkürbis. Beide Sorten müssen vor der Zubereitung jeweils geschält werden. «

Für Eltern + Kind
5 Min. + 10 Min. Garzeit: 1 kleines Stück Hokkaido-Kürbis (für etwa 200 g Kürbisfruchtfleisch) • Olivenöl • Salz • 250 g Fussili • ½ Knoblauchzehe • 100 g Sahne • 1 Handvoll frisch geriebener Parmesan • frisch gemahlener Pfeffer

- Den Kürbis waschen, dünn schälen, die Kerne mit einem Löffel herausschaben und den Kürbis in kleine Würfel schneiden. In einem beschichteten Topf im Olivenöl anbraten und salzen, auf die kleinste Stufe schalten und mit geschlossenem Deckel weich dünsten.

- Reichlich Salzwasser in einem großen Topf zum Kochen bringen. Die Nudeln hinzufügen und darin al dente kochen.

- Den Knoblauch abziehen, in Scheiben schneiden, zum Kürbis geben und kurz mitdünsten, bis er glasig ist.

- Die Sahne zum Kürbis geben, den Parmesan einrühren und alles unter Rühren kurz aufkochen lassen. Die Sauce mit wenig Salz und frisch gemahlenem Pfeffer abschmecken.

Gebratene Ramen-Nudeln mit Sojafleisch

» Auf Sojafleisch hat mich meine vegetarische Freundin Betty gebracht. Sojagranulat, z. B. für Spaghetti Bolognese, kannte ich schon, aber Sojafleisch ist die Entdeckung! In Gemüsebrühe eingeweicht und mit Sojasauce gewürzt liegen sie irgendwo zwischen Dönerfleisch und Leberkäse. Polly schlägt sich jedenfalls jedes Mal den Bauch mit ihnen voll. Sojaschnetzel gibt's im Bioladen zu kaufen. «

Für Eltern + Kind
10 Min. + 10 Min. Garzeit: 1–2 Handvoll grobe Sojaschnetzel (Sobo) • heiße Gemüsebrühe • 1 große Möhre (etwa 150 g) • Rapsöl (nicht kalt gepresst) • 1–2 Blöcke Ramen-Nudeln • Salz • 1–2 EL Tamari-Sojauce • frisch gemahlener Pfeffer
Für die Eltern: 1 EL Sesam • frisch gehacktes Koriandergrün

- Die Sojaschnetzel nach Packungsanweisung 5 Min. in so wenig Gemüsebrühe wie möglich einweichen, anschließend die überschüssige Flüssigkeit ausdrücken.

- Die Möhre schälen oder unter fließendem Wasser gründlich abbürsten und in größere Stifte schneiden. In Rapsöl auf kleiner Flamme bissfest anbraten und beiseite stellen. Die Ramen-Nudeln nach Packungsanweisung in kochendem Salzwasser al dente garen. Die Sojaschnetzel in der Pfanne in Rapsöl anbraten, mit Sojasauce würzen.

- Für die Elternportion den Sesam in einer Pfanne ohne Fett kurz anrösten. Die Möhren und die Nudeln unter die Sojaschnetzel rühren, mit Salz und Pfeffer abschmecken und die Elternportion mit dem gerösteten Sesam und gehacktem frischem Koriander bestreuen.

Spaghetti mit vegetarischer Bolognese

» Sojaschnetzel als Alternative zu Fleisch halten sich problemlos im Vorratsschrank ohne Kühlung. Wir haben immer eine Tüte vorrätig. Genauso wie bei Fleisch kommt es bei Sojaschnetzeln darauf an, wie sie gewürzt sind und mit Oregano und Sojasauce (gibt einen fleischigen Geschmack) schmeckt die vegetarische Bolognese täuschend echt. Auch anderen, schon größeren Kindern fällt meist nicht auf, dass gar kein Fleisch in der Sauce ist. «

Für Eltern + Kind
15 Min. + 40 Min. Garzeit: 1–2 Handvoll feine Sojaschnetzel (Sobo) • heiße Gemüsebrühe • 1 Möhre • 1 kleines Stück Knollensellerie • 1 Zwiebel • 1 Knoblauchzehe • 1 EL Olivenöl • 1 EL Tamari-Sojasauce • 1 Dose geschälte Tomaten (400 g) • 1 TL Oregano • 1 TL Zucker • Salz • frisch gemahlener Pfeffer • 250 g Spaghetti

- Die Sojaschnetzel nach Packungsanweisung 5 Min. in so wenig Gemüsebrühe wie möglich quellen lassen. Die Möhre schälen oder unter fließendem Wasser gründlich abbürsten und fein würfeln. Den Sellerie putzen, waschen und sehr fein würfeln. Zwiebel und Knoblauch abziehen und fein hacken.

- Möhren, Zwiebeln und Sellerie im Olivenöl anbraten. Zuerst Knoblauch, dann Sojaschnetzel zugeben, mit Sojasauce würzen und so lange braten, bis die Schnetzel leicht krümelig sind. Mit etwas Wasser ablöschen, vollständig einkochen lassen und die Tomaten samt Saft hinzufügen. Mit Oregano würzen und etwa 30 Min. einköcheln lassen. Zum Schluss mit Zucker, Salz und Pfeffer abschmecken.

- Reichlich Salzwasser in einem Topf zum Kochen bringen. Die Nudeln darin al dente kochen.

Spaghetti mit grünen Bohnen

» Bohnen sind eines unserer Lieblingsgemüse. Polly mochte Bohnen von Anfang an, sicherlich auch, weil man sie gut mit den Händen essen kann. Heimische Bohnen kommen im Sommer auf den Markt, im Frühjahr und Herbst stammen sie gerne aus Marokko oder Ägypten. Seitdem ich weiß, dass grüne Bohnen in aller Regel mit dem Flugzeug zu uns transportiert werden, kaufe ich außerhalb der Saison nur tiefgekühlte. Ganz zarte Bohnen aus der Region sind im Sommer ohnehin besser als Importware. «

Für Eltern + Kind
10 Min. + 15 Min. Garzeit: 250 g Spaghetti • Salz • 500 g grüne Bohnen • 2 EL Olivenöl • 1 EL Butter • 2 Knoblauchzehen • Pfeffer, frisch gemahlen • 1 Handvoll frisch geriebener Parmesan

- Reichlich Salzwasser in einem Topf zum Kochen bringen. Die Spaghetti darin al dente kochen.

- Die Bohnen waschen, die Enden abschneiden und die Bohnen in reichlich leicht gesalzenem Wasser gar kochen. In ein Sieb abgießen. Olivenöl und Butter in einem Topf erhitzen, die Bohnen zugeben.

- Knoblauch abziehen, in Scheiben schneiden, hinzufügen und die Bohnen 2 Min. sanft anbraten. Die Bohnen mit Salz und frisch gemahlenem schwarzem Pfeffer abschmecken. Mit Parmesan bestreuen.

Alle Kinder lieben Nudeln

Ich kenne kein Kind, das keine Nudeln mag. Für Kinder, oder generell in der gesunden Ernährung, empfehlen die Fachgesellschaften Vollkornnudeln. Haben wir auch anfangs gekauft. Aber die Umstellung ist uns (Eltern) nicht gelungen. Zwei verschiedene Nudelsorten kochen ist logistisch zu aufwendig und ganz schnell bekommen Kinder mit, dass sie nicht dasselbe wie die Großen zu essen kriegen. Deswegen gibt es bei uns ganz normale Nudeln. Eine Nudelvariante in Vollkorn haben wir allerdings: Suppennudeln, weil die so klein sind, dass man es eh nicht schmeckt.

Nudeln ergonomisch betrachtet

Nudeln fühlen sich gut an im Mund, je nach Form bleibt schön viel Sauce an ihnen kleben und man kann sie prima mit den Händen essen. Als Fingerfood eignen sich große Nudeln, z. B. muschelförmige. Am Anfang: je größer desto besser, weil leichter zu greifen. Lange Spaghetti machen anfangs oft Schwierigkeiten, der eine Teil ist schon hinuntergeschluckt, während der vordere Teil noch aus dem Mund hängt. Dies führte bei Pollys ersten Nudelexperimenten zu heftigen Würgeanfällen – übrigens auch bei geschmolzenem Mozzarella, weswegen ihre ersten Pizzaerfahrungen nicht so erfolgreich verliefen. Deswegen werden Pollys Spaghetti immer klein geschnitten. Bis dann irgendwann die Phase kommt, wo Kinder es nicht mehr ertragen können, wenn Nudeln klein geschnitten, Pfannkuchen zerteilt oder Brot in Würfelchen geschnitten werden.

Ramen-Nudeln
schön lang und dünn, oft vorgegart und daher schnell gar

Udon-Nudeln
oft vorgegarte, dicke japanische Nudeln, erinnern an Regenwürmer

Korkenzieher-nudeln
waren Pollys absolute Lieblingsnudeln, sehen einfach hübsch aus

Couscous-Nudeln
kugelrunde Nüdelchen, eine gute Alternative zu Reis, lecker mit Butter

Farfalle
sehen hübsch aus, gut für Salate

Orecchiette
haben immer mehr Biss als andere Sorten, kann man prima aufeinander stapeln

Suppennudeln
schnell gar, gut für Essanfänger

Makkaroni
kann man gut halten und Luft durchsaugen

Reis und anderes Getreide

Risotto & Co.

Aus ergonomischer Sicht betrachtet ist jede Art von körnigem Reis (am schlimmsten ist Parboiled) der Supergau für kleine Kinder, die noch nicht so gut mit Gabel oder Löffel umgehen können. Wir hatten die schlimmsten Wutanfälle mit körnigem Reis. Besser ist jede Art von Klebreis, den man auch mal mit den Händen essen kann, wenn die Koordination schwächelt. Polly liebt türkischen Butterreis, asiatischen Duftreis und auch Risotto – besonders dann, wenn viele kleine Salsicciabällchen mit dabei sind (S. 93).

Genauso wie bei den Nudeln standen wir wie wahrscheinlich viele Eltern vor der Frage: Stellen wir auf Vollkorn um? Bevor Polly kam, hatten wir immer weißen Reis gegessen. Ungeschälter Naturreis ist absolut zu empfehlen, und im Bioladen kann man sogar zwischen den verschiedenen Natur-Reissorten wählen, z.B. zwischen Natur-Risottoreis oder braunem Basmatireis. Die Umstellung ist allerdings nicht an Polly gescheitert, sondern an uns Erwachsenen. Wir konnten uns leider nicht an braunen Reis gewöhnen, aber das ist natürlich Geschmacksache, und vielleicht gelingt anderen Familien die Umstellung besser als uns.

Wenn Kinder anfangen, normales Essen zu essen, hat man bei den Beilagen noch jede Menge Trümpfe im Ärmel: Nach den Nudeln und den Kartoffeln kommt der Reis, aber irgendwann ist Schluss mit der Vielfalt. Wir haben dann öfter auch Couscous oder Ebly gekocht. Wir nehmen immer Instant-Couscous, den man nur mit kochendem Wasser übergießen und zehn Minuten quellen lassen muss. Auch Ebly geht schnell: In zehn Minuten sind die leckeren Weizenkörner gar – eine prima Alternative zu Reis oder Nudeln.

Mein toller neuer Reiskocher

Die Küchenentdeckung des Jahres ist mein neuer Reiskocher. Ich war zuerst etwas misstrauisch, denn was zuvor im Kochtopf nie so richtig klappen wollte, funktioniert hier kinderleicht. Der Klebreis aus dem Reiskocher schmeckt wirklich genauso wie beim Asiaten. Einfach Reisportionen mithilfe eines Bechers abmessen und in den Topf füllen, Wasser bis zur Markierung hinzugeben, anschalten und fertig. Dann macht es irgendwann Klack und die Warmhaltefunktion stellt sich an. Gerade mit Kind finde ich Reiskocher ideal. Okay, man muss Disziplin beweisen und hinterher den Topf ordentlich saubermachen und den Deckel von Reisresten befreien, aber dafür muss man hinterher auch nicht den Herd putzen. Ich kenne keine Beilage, die man während der Zubereitung einfach vergessen kann. Der Topf kann nicht überkochen und der Reis schmeckt selbst nach Stunden noch prima. Polly liebt jedenfalls Basmatireis aus unserem Reiskocher und zusammen mit einer Gemüsebeilage ist er eine absolut vollwertige und vor allem schnell gemachte Mahlzeit.

Während einer unserer japanisch angehauchten Essphasen hat Polly Sojasauce kennen gelernt. Und genauso gerne wie sie in der Krippe die Bratensauce weglöffelt, isst sie auch Sojasauce. Manchmal schaufelt sie zum Abendbrot eine Schale mit Sojasauce beträufelten Klebreis weg. Dazu gibt es rohes Gemüse: Gurkenscheiben, in dünne Scheiben geschnittenen Kohlrabi, halbierte Kirschtomaten oder junge Möhrchen.

Pilaw mit Hähnchen

» Für ganz kleine Kinder ist der Pilaw oft noch ein zu großes Durcheinander, aber größere mögen die Mischung aus Reis, Rosinen und Hähnchen gerne. Ich finde die Lösung, ein fertig gekauftes Grillhähnchen zu verwenden, prima, weil es noch mehr Geschmack mitbringt als ein Hähnchenbrustfilet. Je nach Aufgeschlossenheitsgrad der Kinder kann der Pilaw auch orientalisch gewürzt werden. Ich koche Nelken mit und Safran oder Kurkuma. Das ist aber für viele Kinder schon zu viel. Also, vielleicht lieber erstmal sparsam würzen und sich langsam steigern. «

Für Eltern + Kind

10 Min. + 20 Min. Garzeit:

1 Zwiebel
1 große Tasse türkischer Rundkornreis
3 EL Olivenöl
1 gelbe Paprikaschote
1 Handvoll Rosinen
gekörnte Gemüsebrühe
2 Nelken
1 Msp. Safran oder Kurkuma
1 halbes Hähnchen (fertig gegrillt vom Metzger)
Salz
frisch gemahlener Pfeffer

Für die Eltern

Chiliflocken

- Die Zwiebel abziehen und fein würfeln. Zwiebeln und Reis in Olivenöl 2–3 Min. unter Rühren anbraten. Paprika waschen, putzen und klein schneiden. Den Reis mit 2 Tassen Wasser ablöschen.
- Paprika und Rosinen, etwas gekörnte Brühe, die Nelken und den Safran bzw. den Kurkuma zugeben, den Deckel auflegen und den Reis so lange kochen, bis er gar ist.
- Die Haut vom Hähnchen entfernen und das Fleisch von den Knochen lösen. Das Hähnchenfleisch klein schneiden und zuletzt unter den fertigen Reis heben. Mit Salz und Pfeffer abschmecken.
- Die Elternportion mit Chiliflocken bestreuen.

Pilaw mit Hähnchen

Türkischer Butterreis

» Ich habe in der Nähe meines Büros einen türkischen Laden, Feinkost Yücel. Frau Yücel hat irgendwann damit begonnen, Mittagessen zu verkaufen. Sie kocht neben gefüllten Paprikaschoten, geschmorten Köfte mit kleinen Tomaten, scharfer Bohnensuppe, Auberginen und Hackfleisch vom Blech, gegrilltem Gemüse und vegetarischen Linsenröllchen auch immer türkischen Butterreis. Manchmal bringe ich Reste von meinem Mittagessen mit nach Hause, denn Polly liebt diesen Reis! Ich habe dann irgendwann nachgefragt, welche Sorte Reis Frau Yücel verwendet; sie nimmt türkischen Rundkornreis (Pirinç). Bei ihr sind auch immer Nudeln mit drin (Şehriye). Das mache ich aber nie, und ich nehme auch nicht so viel Butter. Auf jeden Fall schmeckt der Reis auch abgespeckt ziemlich lecker. Bei uns gibt es oft nur einfach eine Sorte Gemüse dazu. Der Butterreis schmeckt super zum gedünsteten Spitzkohl (S. 31). «

Für Eltern + Kind

20 Min. Garzeit: 1–2 EL Butter • 1 große Tasse türkischer Rundkornreis • Salz

- Die Butter in einem Topf schmelzen, den Reis hineingeben und unter Rühren 2 bis 3 Min. anbraten, bis er glasig ist.

- 2 große Tassen Wasser zugeben (immer die doppelte Menge Wasser wie Reis), salzen, den Deckel auflegen und den Reis auf kleinster Flamme garen.

Ebly-Weizen

» Ebly ist keine besondere Weizenart, sondern ein geschützter Markenname für vorgekochten Hartweizen. Ebly ist schön weich, hat trotzdem Biss und lässt sich auf ganz unterschiedliche Art und Weise zubereiten. Man kann angebratenes Gemüse und Hähnchenbruststreifen unterrühren, ihn ohne alles essen oder kalt als Salat zubereiten – ähnlich wie Grünkernsalat. Auch als Auflauf funktioniert Ebly: Einfach die gekochten Körner mit fein gewürfeltem Gemüse und Eiermilch in eine Form füllen und mit Käse bestreut 30 Min. im Ofen backen. Ebly steht im Supermarktregal meist in der Nähe von Reis, und ähnlich wie Reis gibt es die Weizenkörner lose oder in Kochbeuteln. «

Für Eltern + Kind

2 Min. + 10 Min. Garzeit: 1 Tasse Ebly-Weizen • Salz • 1 Zwiebel • Butter oder Olivenöl

- Den Ebly nach Packungsanweisung 10 Min. in Salzwasser garen und dann das Wasser abschütten.

- Die Zwiebel abziehen, fein würfeln und in etwas Butter oder Olivenöl glasig anbraten. Dann den abgetropften Ebly dazugeben, umrühren, fertig.

Tomaten-Couscous

» Couscous können auch kleine Kinder schon gut essen, weil man ihn nicht groß kauen muss. Ich nehme immer Instant-Couscous, also vorgekochten Couscous, den man lediglich mit kochendem Wasser übergießen und anschließend quellen lassen muss. Couscous kann schon mal leicht muffig schmecken – ich habe die Erfahrung gemacht, dass Couscous aus dem Bioladen generell frischer und seltener muffig schmeckt. Der Tomaten-Couscous ist ein aus der Not geborenes, ganz einfaches Gericht oder wohl eher eine Beilage, die entstanden ist, als sonntags nahezu alle frischen Vorräte aufgebraucht waren und die Tiefkühltruhe auch nichts mehr hergab. «

Für Eltern + Kind

15 Min. + 5 Min. Garzeit: 1 Tasse Instant-Couscous • Salz • 1 mittelgroße Möhre (etwa 100 g) • 1 Zwiebel • Olivenöl • ½ Dose gehackte Tomaten (200 g) • gekörnte Gemüsebrühe • 1 kräftige Prise Zucker

• Den Couscous in einen weiten Topf mit Deckel füllen und mit 1 ½ Tassen kochendem Wasser übergießen. Etwas Salz zugeben, umrühren und den Deckel auflegen. 10 Min. quellen lassen. Den Couscous nach der ersten Minute mit einer Gabel auflockern und gleichmäßig ausbreiten (dafür der große Topf).

• Die Möhre schälen oder unter fließendem Wasser gründlich abbürsten und in ganz feine Würfel schneiden. Die Zwiebel abziehen und fein würfeln. Möhren und Zwiebeln in Olivenöl bissfest andünsten.

• Die Tomaten zugeben, mit gekörnter Gemüsebrühe und Zucker abschmecken. Zuletzt den Couscous unterrühren.

Risotto mit Erbsen

(für die Eltern mit Salbei)

» Mit einem schönen, suppigen Risotto können schon kleine Kinder, die motorisch noch nicht so gewandt sind, Reis essen, ohne die Nerven zu verlieren. Auch für alle, die nicht gerne Gemüse essen, ist Risotto prima, weil das Gemüse einfach mit weggelöffelt wird. Ich mag an Risotto auch, dass man hinterher nicht viel spülen muss. Übrigens: Die ganze Zeit dabei bleiben und rühren, das mache ich nie, man muss nur ein bisschen aufpassen, dass das Risotto im Topf nicht ansetzt. «

Für Eltern + Kind

5 Min. + 30 Min. Garzeit: etwa 1 l leichte Hühnerbrühe • 1 Zwiebel • 1 Handvoll gewürfelte Pancetta oder durchwachsener Speck • Olivenöl • 200–250 g Risottoreis • 200 g tiefgekühlte Erbsen • 2 Handvoll frisch geriebener Parmesan • Salz • frisch gemahlener Pfeffer

Für die Eltern

Trüffelöl oder 1 Handvoll frische Salbeiblätter

• Die Brühe aufkochen. Die Zwiebel abziehen und fein hacken. Zwiebeln und Pancetta in Olivenöl hellgelb dünsten. Den Risottoreis hinzufügen und kurz mitbraten. Die Hälfte der Brühe und die Erbsen zugeben und gelegentlich umrühren. Ist die Brühe vom Risotto aufgenommen, die restliche Brühe zugießen. Der Reis braucht je nach Sorte 20–30 Min.

• Zuletzt den geriebenen Parmesan unter das fertige Risotto rühren. Vorsichtig mit Salz abschmecken und mit frisch gemahlenem Pfeffer würzen.

• Die Elternportion entweder mit Trüffelöl beträufeln oder Salbeiblätter in Butter anbraten und das fertige Risotto mit der Salbeibutter und den Salbeiblättern verfeinern.

Essen in großer Gesellschaft

Gäste sind willkommen

Nachdem wir beobachtet haben, mit wie viel Freude Polly in großer Runde reingehauen hat, habe ich mich auch zurückerinnert, wie schön es war, zusammen mit Tanten, Onkeln, Cousins und Cousinen an einem Tisch zu sitzen. Kindern geht es nicht anders als uns, ihnen schmeckt es in Gesellschaft immer noch am besten. Besonders gilt das auch für das Essen auswärts. Alleine mit ihren Eltern ist es Polly im Restaurant todlangweilig und sie will nach drei Minuten von den Tellern der anderen Gäste probieren. Sitzen aber drei, vier, fünf Freunde, Verwandte oder Kinder mit am Tisch, hat man eine realistische Chance, seine Pizza aufessen zu können. Wir haben jedenfalls immer gerne noch jemanden zum Abendessen mit dabei.

Ein befreundeter Vater hatte während seiner Elternzeit regelrechte Panikattacken, seinem zehn Monate alten Sohn am Abend Brei füttern zu müssen, was ich wirklich gut verstehen kann, weil die Kinder am liebsten einfach eine Flasche trinken würden (oder gestillt werden möchten) und ihnen das Gefüttertwerden viel zu anstrengend ist nach einem langen Tag. Er war dann gerne bei uns zum Abendessen, weil Tom in Pollys Gesellschaft leichter zu füttern war.

Kinder wollen das gleiche Geschirr wie die Erwachsenen

Was den Kindern prinzipiell immer gut gefällt: Wenn alle das Gleiche essen, und wenn auch sie einen richtigen Porzellanteller bekommen und Besteck wie die Großen aus Metall, z. B. eine Kuchengabel. Wir haben die Erfahrung gemacht, dass sich Polly, wenn sie von einem richtigen Teller essen darf, tendenziell auch besser zu benehmen weiß. Sie ist stolz und möchte sich genauso verhalten wie die Großen. Nur wenn wir Freunde zum Essen da haben, strengt sie sich noch mehr an. Dann hantiert sie geschickt mit Gabel und Löffel und gibt sich alle Mühe, sich bei Tisch so zu verhalten wie alle anderen auch. Kinder wollen keine Extrabehandlung. Sie wollen so schnell wie möglich lernen, sich zu verhalten wie die Erwachsenen oder größere Kinder. Und wenn man ihnen zutraut, dass sie das können, dann geht auch seltener etwas zu Bruch. Wir haben die Plastiktrinkbecher ganz schnell wieder abgeschafft. Polly trinkt aus kleinen französischen Weingläsern, die dickwandig sind und auch einen Sturz vom Esstisch überleben.

Kinder dürfen sich selbst bedienen

„Ich mach das!“, hören wir immer öfter von Polly, auch am Esstisch. Sie findet es einfach super, wenn sie sich selbst aus der Schüssel eine Portion Gemüse oder Kräuterquark nehmen darf. Natürlich will sie nach dem ersten Löffel gleich den nächsten auf ihren Teller laden, und man muss mantraartig wiederholen: „Wenn du diese Portion aufgegessen hast, darfst du mehr nehmen!“, aber so lernen Kinder am besten, ihren Appetit realistisch einzuschätzen. Und wir Eltern neigen tendenziell dazu, Polly zu viel auf den Teller zu laden, sodass sie manchmal vor schier nicht zu bewältigenden Portionen sitzt, die ihr die Lust aufs Essen verderben.

Kartoffeln

Liebste Sieglinde

Beim Thema Kartoffeln gehen bei uns die Geschmäcker auseinander. Hier wird die kulturelle Kluft zwischen einer Rheinländerin und einem Schwaben deutlich. Bei Markus gab es zu Hause Kartoffeln höchstens in Form von Bratkartoffeln oder Kartoffelsalat. Statt Kartoffeln wurden Spätzle oder Knödel gegessen. Bei mir zu Hause lagerten die Kartoffeln zentnerweise im Keller. Eigentlich gab es jeden Tag Salzkartoffeln oder Pellkartoffeln. Polly mochte viele Monate überhaupt keine Kartoffeln. Aber irgendwann war das Eis gebrochen. Zu ihrem Lieblingsessen zählen sie aber nicht gerade. Trotzdem gibt es neben Reis, Nudeln und anderen Beilagen auch immer wieder Kartoffeln. Am besten schmecken ihr goldgelbe, fest kochende Bio-Kartoffeln.

Top-5-Kartoffelsorten

- Allianz
- Annabell
- Moor-Sieglinde
- Cilena
- Marabel

Goldgelb und handlich

Polly hat lange Zeit überhaupt keine Kartoffeln gemocht. An einem schönen Julitag brachten Oma und Opa aber frisch geerntete Minikartoffeln mit. Die stammten von Freunden, die eine Landwirtschaft betreiben, und sie waren so winzig, dass sie sich regulär nicht verkaufen ließen. Die Kartoffeln haben wir dann zum Abendessen gekocht und einfach mit etwas Butter und Salz gegessen. Wie immer ließen wir Polly probieren, und diesmal spuckte sie die Kartoffel nicht wieder aus, sondern verdrückte eine nach der anderen. Sie waren aber auch köstlich – goldgelb, fest und aromatisch. Und eben wunderbar handlich.

Zu Frühkartoffeln oder Drillingen passen prima

- Butter
- ein kräftiges Olivenöl
- geriebener Bergkäse
- zerdrückte Avocado mit Zitrone, Salz und Pfeffer abgeschmeckt
- türkischer Gurken-Joghurt (S. 103)
- Kichererbsencreme (S. 107)

Grundlage für Suppen

Aus Kartoffeln kann man so ziemlich alles machen, das ist ja das Tolle an ihnen. Wir essen trotzdem am häufigsten Pellkartoffeln, weil bei uns niemand Lust hat, Kartoffeln zu schälen. Und wenn man sie vor dem Kochen ordentlich schrubbt, kann man die Schale mitessen. Ab und zu passen allerdings Salzkartoffeln besser. Anstatt Salzwasser verwende ich dann gerne Gemüsebrühe. Das Beste daran: Einfach ein bisschen mehr von allem kochen, die Brühe nicht weggießen, sondern die restlichen Kartoffeln zusammen mit dem Garsud pürieren. So hat man eine ganz einfache und schnelle Kartoffelcremesuppe für den nächsten Tag. Diese einfachen Kartoffelcremesuppen gibt es bei uns regelmäßig zum Abendessen, sobald es draußen kälter wird. Man kann sie beliebig würzen: mit Ingwer und Chili (vorher die Kinderportion abnehmen) oder geriebenem Parmesan.

Kartoffelgratin

» Kartoffelgratin haben wir jahrelang nicht gemacht und erst als Polly da war wieder ins Repertoire aufgenommen. Weil ein Gratin aber nur richtig gut schmeckt, wenn das Verhältnis von Sahne zu Kartoffeln stimmt, also mit Unmengen Sahne, gibt es das Gratin nur ganz selten. Das Kartoffelgratin ist dann das Hauptgericht und dazu gibt's nur einen Salat. Die Kartoffelscheiben müssen ganz dünn geschnitten sein, was man mit dem Messer kaum hinbekommt. Auf dem Gemüsehobel oder mithilfe einer Küchenmaschine funktioniert es am besten. Wem das Gratin zu fettig ist, verdünnt die Sahne einfach mit 100 oder 200 ml Milch – die Gesamt-Flüssigkeitsmenge sollte aber 400 ml betragen. «

Für Eltern + Kind

15 Min. + 45 Min. Backzeit

1 kg fest kochende Kartoffeln
1 Knoblauchzehe
400 g Sahne
Salz
frisch gemahlener Pfeffer
frisch geriebene Muskatnuss

- Die Kartoffeln schälen, waschen und in ganz dünne Scheiben hobeln. Die Knoblauchzehe abziehen und halbieren. Eine Auflaufform mit der Knoblauchzehe ausreiben. Die Kartoffelscheiben in die Form füllen.

- Den Backofen auf 180 Grad (Ober-/Unterhitze) vorheizen. Die Sahne kräftig mit Salz, Pfeffer und Muskat würzen. Über die Kartoffeln gießen.

- Das Gratin im vorgeheizten Backofen 45 Min. backen, bis die Oberfläche goldgelb und knusprig ist. Zum Prüfen am besten einmal mit dem Messer in die Kartoffeln stechen – sie sollten ganz weich sein.

Bratkartoffeln aus Süßkartoffeln

» Die Süßkartoffel-Bratkartoffeln schmecken hervorragend und genau genommen viel besser als normale Bratkartoffeln – genauso wie Pommes aus Süßkartoffeln. Am besten funktioniert es mit weißfleischigen Kartoffeln, die es aber nicht überall zu kaufen gibt. Dann einfach die roten Bataten verwenden. Süßkartoffeln sind von der Konsistenz dem Kürbis ähnlicher als der Kartoffel und haben deswegen auch eine kürzere Garzeit. Also, nicht zu lange braten, sonst werden sie schnell matschig. «

Für Eltern + Kind
⏲ 3 Min. + 10 Min. Garzeit: 1 große Süßkartoffel • 1 große Zwiebel • Olivenöl • Salz • frisch gemahlener Pfeffer

- Die Süßkartoffel schälen und in ½ cm dicke Stücke schneiden. Die Zwiebel abziehen und würfeln. In einer großen beschichteten Pfanne Olivenöl erhitzen.

- Die Kartoffeln und die Zwiebel darin anbraten, den Deckel auflegen, die Hitze reduzieren und ab und zu an der Pfanne rütteln. Die Kartoffeln etwa 10 Min. braten und mit Salz und Pfeffer würzen.

Fächerkartoffeln

» Diese Kartoffeln habe ich als Kind schon immer gern gegessen. Sie werden fächerartig eingeschnitten und garen dann am Stück im Backofen. Zum Fächern legt man sie auf einen Esslöffel und schneidet sie mit einem scharfen Messer bis zum Löffelrand ein – die Scheiben sollten etwa 3 mm dick sein. Junge Frühkartoffeln müssen vorher nicht geschält werden. Zusammen mit dem türkischen Gurken-Joghurt (S . 103) oder einem Kräuterquark sind die Fächerkartoffeln ein leckeres und unkompliziertes Mittag- oder Abendessen. «

Für Eltern + Kind
⏲ 10 Min. + 45 Min. Backzeit: 6–9 mittelgroße (Früh-)Kartoffeln • Olivenöl • Salz • frisch gemahlener Pfeffer

- Die Frühkartoffeln unter fließendem Wasser gründlich abbürsten, ältere Kartoffeln schälen. Den Ofen auf 200 Grad (Ober-/Unterhitze) vorheizen. Kartoffeln auf einen Esslöffel legen und mit einem großen Messer sehr oft einschneiden, aber nur so tief, dass die Kartoffeln nicht auseinanderfallen.

- Mit Olivenöl einpinseln, mit Salz und Pfeffer bestreuen und nebeneinander in eine gefettete feuerfeste Form setzen. Im vorheizten Ofen 45–60 Min. backen.

Bauernfrühstück

» Bei uns zu Hause gab es regelmäßig Bauernfrühstück. Zusammen mit einer sauren Gurke ein klassisches Nachkriegsessen, das einfach ist und deswegen Kindern auch gut schmeckt. Der Riesenvorteil liegt einfach darin, dass man alle Zutaten fast immer im Vorrat hat. Genauso wie bei Bratkartoffeln ist es am praktischsten, wenn man Pellkartoffeln übrig hat. Man kann auch noch allerhand gegarte Gemüsereste vom Vortag hineintun: Brokkoli, Erbsen oder Möhren. Oder auch klein geschnittene Würstchen. Dann heißt das Gericht Hoppelpoppel oder auch – ein sehr schöner kindlicher Verhörer einer Freundin – Moppelkotze. Ein Gericht mit diesem Namen gibt es übrigens in Norddeutschland wirklich, allerdings als Eintopf. «

Für Eltern + Kind

5 Min. + 30 Min. Garzeit: 6–9 mittelgroße Kartoffeln • Salz • 1 Zwiebel • Rapsöl (nicht kalt gepresst) • 2–3 Eier • frisch gemahlener Pfeffer • einige saure Gurken

- Die Kartoffeln waschen, in Salzwasser gar kochen und etwas abkühlen lassen. Die Zwiebel abziehen, fein schneiden und im Rapsöl in einer Pfanne anbraten. Die Kartoffeln pellen, in Scheiben schneiden und zusammen mit der Zwiebeln im Rapsöl sanft anbraten.

- Die Eier verquirlen, kräftig mit Salz und Pfeffer würzen und über die Kartoffeln gießen. Das Bauernfrühstück 5 Min. auf kleiner Flamme stocken lassen, dann einmal wenden und kurz von der anderen Seite anbraten. Zusammen mit ein paar in Scheiben geschnittenen sauren Gurken servieren.

Brokkoli-Kartoffel-Auflauf

» Kartoffelaufläufe zählen zu den Gerichten, die wir seit unserer Studentenzeit nicht mehr gegessen haben. Aber die milde, sahnige Sauce sowie die käsigen Kartoffeln und Brokkoli, den man nicht großartig kauen muss, mag Polly ganz gerne. Grundsätzlich kann man jede Art von gekochtem Gemüse verwenden, aber Brokkoli passt fast noch am besten, weil er nicht zu wässrig ist (wie beispielsweise Zucchini) und an den Röschen viel Sauce kleben bleibt. Der Auflauf macht relativ viel Arbeit, man kann ihn aber super vorbereiten. «

Für Eltern + Kind

10 Min. + 40 Min. Garzeit: 500 g Kartoffeln • Salz • 500 g Brokkoli • 150 g Sahne • 200 ml Milch • 1 Ei • frisch gemahlener Pfeffer • Butter für die Form • 1 Handvoll frisch geriebener Bergkäse

- Die Kartoffeln gründlich waschen und ungeschält in Salzwasser gar kochen. Den Brokkoli waschen, die Röschen zerteilen, den Strunk schälen und klein würfeln. Den Brokkoli – am besten im Gemüsedämpfer – bissfest garen.

- Den Ofen auf 200 Grad (Ober-/Unterhitze) vorheizen. Sahne mit Milch und dem Ei verrühren und kräftig mit Salz und Pfeffer abschmecken. Die gegarten und etwas abgekühlten Kartoffeln pellen und in Scheiben schneiden.

- Eine feuerfeste Ofenform mit Butter ausreiben und schichtweise Kartoffeln und Brokkoli einfüllen. Den Auflauf mit dem Bergkäse bestreuen und die ersten 20 Min. abgedeckt mit Alufolie im Backofen garen. Dann die Alufolie abnehmen und weitere 5 Min. backen.

mit zerdrückter Avocado
frisch und lecker

Drillinge plus X

Wenn die ersten heimischen Frühkartoffeln auf den Markt kommen, essen wir abends ganz oft einfach nur Kartoffeln mit Butter, zerdrückter Avocado, Käse oder eben dem, was der Kühlschrank noch so hergibt. Eine Schale Pellkartöffelchen zusammen mit Kräuterquark, Gurken-Joghurt oder Kichererbsencreme ist eine ganz feine und zugleich sättigende Mahlzeit. Frühkartoffeln stammen im Frühling oft aus Ägypten oder Israel, wo für den Anbau jede Menge kostbares Wasser verbraucht wird – ganz zu schweigen von den langen Transportwegen zu uns. Ab Anfang Juni gibt es auch heimische Sorten auf dem Markt zu kaufen. Ihre Schale ist ganz dünn und kann, ordentlich geschrubbt, mitgegessen werden.

mit Cacık, türkischem Gurken-Joghurt (S. 103)
schön erfrischend

mit Kichererbsen-
creme (S. 107)
würzig und sättigend
mit Butter
schmeckt immer
mit geriebenem
Bergkäse
für alle, die Käse lieben
mit kräftigem
Olivenöl
würzig-fein

SUPPEN

Lecker löffeln

Ein Kind, das gerade eben erst einen Löffel Brei selbstständig zum Mund führen kann, wird man mit einer Hühnersuppe nur frustrieren. Bei uns haben Suppen jedenfalls zu Komplettausrastern geführt. Polly wollte, bis sie etwa eineinhalb war, gar keine Suppe essen, auch keine dickflüssige, die sich einfacher löffeln lässt. Aber dann, ganz plötzlich, war sie verrückt nach Suppen. Stolz löffelte sie ihre Suppe, und genau ab dem Zeitpunkt ließ sie ihre heißgeliebten Gnocchi links liegen. Als wir noch zu zweit waren, haben wir – wie wahrscheinlich der Großteil aller Erwachsenen – nichts Warmes zu Mittag gegessen am Wochenende, sondern abends gekocht. Nachdem Polly aber besser und länger Mittagsschlaf hält, wenn sie mittags etwas Warmes isst, haben wir uns angepasst, und eine Suppe ist ein guter Kompromiss. Die kann man auch mitessen, wenn das Frühstück noch nicht allzu lange her ist.

Klare Suppe plus X

Polly liebt Gemüsesuppe. Habe ich als Kind auch schon. Wenn ich mir etwas zu essen wünschen durfte, gab es oft Hühnersuppe mit Frühlingsgemüse. Polly isst am liebsten klare Suppen (aus Instant-Gemüsebrühe oder -Hühnerbrühe, immer Bio bzw. ohne Geschmacksverstärker), in die wir eine Möhre würfeln und 1 Handvoll Erbsen oder ein paar Brokkoli- oder Blumenkohlröschen werfen. Als Einlage eignen sich gut klein geschnittene Reste von dünnen Pfannkuchen oder Crêpes (S. 70), kleine Suppennudeln, die es im Bioladen auch in der Vollkornvariante gibt, oder auch einfach nur Kartoffeln oder Backerbsen. Backerbsen sind ein richtiges Kinderlebensmittel. Ich habe sie sowohl im Supermarkt als auch im Discounter gefunden – dort sind aber die Packungen so groß, dass die Erbsen oft ranzig werden. Im Bioladen gibt es sie auch in kleineren Packungsgrößen.

Verwirrende Konsistenzen

Wenn Kinder cremige Suppen mit einer Einlage nicht mögen, kann das ganz einfach an der Konsistenz liegen, die sich schlecht essen lässt. Dann ist die Suppe oft zu dünnflüssig, denn Kinder finden eine Kombination aus cremig und kleinen, härteren Stückchen oft verwirrend beim Essen. Beispielsweise eine Kürbiscremesuppe mit Maiskörnern oder Erbsen: Zuerst muss man schlucken, währenddessen die Maiskörner im Mund parken, um sie anschließend zu zerkauen. Ich mag auch keine Suppen, bei denen die verschiedenen Konsistenzen nicht gut aufeinander abgestimmt sind. Wenn Suppen nicht fein püriert sind, sondern als Eintopf auf den Tisch kommen, am besten nicht mit zu viel Wasser verlängern, sondern eher dickflüssig lassen, sodass sie angenehmer in der Konsistenz und einfacher zu essen sind.

Bio-Gemüsebrühe

Wir verwenden ausschließlich Instant-Bio-Brühe, schon immer. Suppen und Saucen mit Glutamat kann ich nicht leiden, alles schmeckt irgendwie gleich und viel zu intensiv. Damit der Eigengeschmack der Suppe gut zur Geltung kommt, nehmen wir auch immer nur eine leichte Brühe, also mit mehr Wasser als auf der Packungsanweisung angegeben.

Grießklößchensuppe

» Markus steht total auf Grießklößchensuppe, meist aus der Tüte. Ich finde aber, die Mühe, selbst Grießklößchen zu machen, lohnt sich! Man muss nur einen dicken Grießbrei kochen, ein Ei unterrühren und die Masse zu kleinen Klößchen formen. In wenigen Minuten sind die Klößchen fertig und schmecken viel, viel besser als Trocken-Klößchen. «

Für Eltern + Kind
3 Min. + 10 Min. Garzeit: 250 ml Milch • 1 EL Butter • Salz • frisch gemahlener Pfeffer • frisch geriebene Muskatnuss • 100 g Vollkorngrieß • 1 Ei • 750 ml Gemüse- oder Rinderbrühe

- Die Milch mit der Butter, dem Salz, Pfeffer und Muskat aufkochen. Den Grieß unter Rühren einstreuen, aufkochen und den Grießbrei auf der ausgeschalteten Herdplatte 5 Min. ausquellen lassen. Anschließend das Ei zügig unter den Grießbrei rühren.

- Die Brühe zum Kochen bringen. Aus dem Grießbrei mit zwei Teelöffeln kleine Klößchen abstechen und diese bei milder Hitze 5 Min. in der Suppe gar ziehen lassen.

Hühnersuppe

» Wenn Polly krank ist und Zeit fürs Kochen da ist, bekommt sie eine Hühnersuppe. Oft sind es Infekte, und da Kinder währenddessen viel trinken sollen, es aber meist nicht tun, ist eine Suppe genau das Richtige. Für die Hühnersuppe nehme ich kein Suppenhuhn, weil erstens zu wenig Fleisch dran ist und es zweitens zu lange kochen muss. Hähnchenschenkel sind ideal. Zwei Stück reichen, um einen guten Geschmack in die Brühe zu bekommen. «

Für Eltern + Kind
20 Min. + 1 Stunde Garzeit: 2 Hähnchenschenkel • 1 große Zwiebel • 1 Bund Suppengrün • gekörnte Hühnerbrühe • 1–2 Handvoll geputzes und klein geschnittenes gemischtes Gemüse • Salz • frisch gemahlener Pfeffer

- Die Hähnchenschenkel kalt abwaschen. Die Zwiebel ungeschält halbieren und mit der Schnittfläche nach unten in einen Topf legen. Die Herdplatte anschalten und die Zwiebel bei schwacher Hitze leicht anrösten. Wenn die Zwiebel leicht gebräunt ist, 1 ½ l kaltes Wasser zugießen und die Hähnchenschenkel hineingeben. Den aufsteigenden Schaum abschöpfen.

- Das Suppengrün waschen. Sellerie und Möhren des Suppengrünbundes schälen, würfeln und zugeben. Lauch der Länge nach aufschneiden, gründlich unter fließendem Wasser waschen und ebenfalls in die Suppe geben. Die gekörnte Brühe hinzufügen und die Suppe etwa 1 Stunde leicht köcheln lassen. Dann Lauch, Hähnchenschenkel und Zwiebel herausnehmen.

- Das gemischte Gemüse in der Suppe gar kochen. Das Hähnchenfleisch von den Knochen lösen und in der Suppe warm werden lassen. Die Suppe mit Salz und Pfeffer abschmecken.

Grießklößchensuppe

Erbsensuppe

Rote-Linsen-Suppe

(für die Eltern mit Kreuzkümmel)

» Grüne Linsen oder Tellerlinsen sind für kleine Kinder oft noch zu schwer verdaulich, aber gegen rote Linsen spricht gar nichts. Weil sie geschält sind, enthalten sie weniger Ballaststoffe. Beim Kochen zerfallen sie, und die Suppe wird schön cremig. Darüber hinaus brauchen rote Linsen maximal eine halbe Stunde, um gar zu werden, eher aber kürzer. In die Suppe kommen erst ganz zum Schluss exotische Gewürze, die Kinder selten auf Anhieb mögen. Also einfach eine Kinderportion beiseite stellen und schon einmal abkühlen lassen. «

Für Eltern + Kind
5 Min. + 25 Min. Garzeit: 1 Zwiebel • Olivenöl • 250 g rote Linsen • 500 ml leichte Gemüsebrühe • 1 Dose geschälte Tomaten (400 g) • Salz • frisch gemahlener Pfeffer • 1 kräftige Prise Zucker
Für die Eltern: 1 Knoblauchzehe • 3 EL Olivenöl • ¼ TL Kreuzkümmel • ¼ TL schwarze Zwiebelsamen • evtl. etwas Zucker

- Die Zwiebel abziehen und in feine Würfel schneiden. Im Olivenöl andünsten. Die Linsen unter fließendem Wasser abspülen und hinzufügen. Mit Gemüsebrühe ablöschen. Die Tomaten hinzufügen und alles so lange köcheln lassen, bis die Linsen weich sind. Mit Salz, Pfeffer und Zucker abschmecken und eine Kinderportion beiseite stellen.

- Für die Elternportion den Knoblauch abziehen und fein hacken. Das Olivenöl in einem kleinen Topf erhitzen. Kreuzkümmel und Zwiebelsamen hineingeben. Wenn die Gewürze anfangen zu knistern, den Knoblauch ins heiße Öl geben und dann sofort den Topfinhalt in die Suppe leeren (Vorsicht, das kann spritzen!). Die Suppe kräftig mit Salz und Pfeffer abschmecken.

Erbsensuppe

» Auf Schälerbsen wurde ich aufmerksam, nachdem ich einmal das Angebot an Hülsenfrüchten genauer unter die Lupe genommen hatte, auf der Suche nach einer Sorte, die Polly mögen könnte. Schälerbsen sind halbierte getrocknete Erbsen, deren Schale entfernt wurde. Weil sie weniger Ballaststoffe enthalten, werden sie auch schon von kleinen Kindern gut vertragen. Man kann aus ihnen eine ganz altmodische Erbsensuppe kochen, die gerade in der kälteren Jahreszeit superlecker schmeckt. Neben diesem klassischen Erbseneintopf kann man auch eine Suppe aus Schälerbsen und beispielsweise Brokkoli oder Blumenkohl kochen, alles pürieren und fertig. Die Suppe macht in der Zubereitung nicht viel Arbeit, sie muss jedoch mindestens eine Stunde kochen. Wenn sie auf kleinster Flamme köchelt, kann man die Suppe aber währenddessen einfach vergessen! «

Für Eltern + Kind
10 Min. + 1 Stunde Garzeit: 2 Möhren • 1 kleines Stück Sellerie • 1 Zwiebel • Rapsöl (nicht kalt gepresst) • 2 Kartoffeln • 250 g grüne Schälerbsen • 1,2 l leichte Gemüsebrühe • 2 Wiener Würstchen • Salz • frisch gemahlener Pfeffer

- Möhren und Sellerie waschen, schälen und in kleine Würfel schneiden. Die Zwiebel abziehen und klein schneiden. Alles in Rapsöl andünsten. Die Kartoffeln schälen, klein würfeln und zugeben. Die Schälerbsen hinzufügen, mit der Brühe auffüllen und zum Kochen bringen.

- Die Suppe 1 Stunde mit geschlossenem Deckel auf kleinster Flamme kochen lassen. Die Würstchen in Scheiben schneiden, zugeben, mit Salz und Pfeffer abschmecken.

Ramen-Nudelsuppe mit japanischem Omelett

» Japanisches Omelett (Tamago) kenne ich von meiner Lieblings-Sushi-Variante Nigiri Tamago. Dazu werden Eier auf eine etwas aufwendigere Art und Weise zu einem dicken, dichten Omelett gebacken. Die Japaner nehmen hierfür eine spezielle quadratische Pfanne, in der nichts anbrennt, aber eine normale beschichtete Pfanne tut's auch. Wenn es schneller gehen muss, gibt es bei uns auch ein ganz normales Omelett. Lediglich die Sojasauce und eine kräftige Prise Zucker müssen hinein. Und da Polly ein echter Eier-Junkie ist, kann man ihr keine größere Freude machen. «

Für Eltern + Kind

15 Min. + 10 Min. Garzeit

gekörnte Rinderbrühe
2 Handvoll grob geschnittener Chinakohl
1–2 Blöcke Ramen-Nudeln
Salz
3 Eier
1 EL Tamari-Sojasauce
1 kräftige Prise Zucker
Rapsöl (nicht kalt gepresst)

- Etwa 1 l Wasser mit der gekörnten Brühe aufkochen. Den Chinakohl in der Brühe 5 Min. garen. Die Ramen-Nudeln nach Packungsanweisung in reichlich Salzwasser garen und mit kaltem Wasser abschrecken.

- Die Eier mit der Sojasauce und dem Zucker verquirlen. In einer großen beschichteten Pfanne in Rapsöl erhitzen und eine kleine Menge des Rühreis hineingießen – etwa so viel, dass es ein dünnes Omelett gibt.

- Sobald die Unterseite ganz leicht am Pfannenboden ansetzt, die Oberseite aber noch flüssig ist, damit beginnen, das Omelett aufzurollen. Die Omelettrolle an den Rand der Pfanne schieben und die nächste Portion der Eimasse in die Pfanne gießen. Wieder, sobald die Unterseite ansetzt, aufrollen und – Achtung – mit der letzten Rollbewegung die bereits vorhandene Omelettrolle einschlagen. Genauso weitermachen, bis alles aufgebraucht ist. Das Omelett ist jetzt eine einzige dicke Rolle. Mit einem Pfannenwender leicht zusammenpressen und von allen Seiten fertigbraten.

- Die Ramen-Nudeln in die Brühe geben, die Omelettrolle in dicke Scheiben schneiden und als Einlage auf die Suppe geben.

Ramen-Nudelsuppe mit japanischem Omelett

Kürbissuppe mit Parmesan

» Ich esse Kürbissuppe gerne, aber selbst wenn ich mich strikt ans Rezept halte, schmeckt sie einfach nicht gut. Irgendwann habe ich festgestellt, dass ich eine andere Richtung einschlagen muss. Und meine italienisch angehauchte Kürbissuppe ist auf Anhieb gelungen: Man braucht nichts außer einem Stück Kürbis, geriebenem Parmesan, Zwiebeln, einer ganz leichten Gemüsebrühe, Salz und Pfeffer. Die Brühe ist deswegen leicht, weil sonst alles nur nach Fertigbrühe schmeckt. Je nachdem, wie dickflüssig die Suppe werden soll, passe ich die Flüssigkeitsmenge entsprechend an. Weil ich mich regelmäßig verschätze, die Kürbissorten unterschiedlich viel Wasser schlucken und ich am Ende mit Pech eine viel zu dünne Suppe habe, nehme ich vor dem Pürieren einen Teil der Brühe ab und füge sie anschließend zum Verlängern wieder hinzu. «

Für Eltern + Kind
5 Min. + 10 Min. Garzeit: 1 Zwiebel • Olivenöl • 1 kleiner Butternut- oder Hokkaidokürbis (geputzt etwa 500 g) • 400–500 ml leichte Gemüsebrühe • 2 Handvoll frisch geriebener Parmesan • Salz • frisch gemahlener Pfeffer

- Die Zwiebel abziehen, klein schneiden und in Olivenöl glasig anbraten. Den Kürbis waschen, die Kerne und das weiche Innere mit einem Löffel herauskratzen. Den Kürbis grob würfeln und zu den Zwiebeln geben. Die Gemüsebrühe hinzufügen.

- Den Kürbis gar kochen, das dauert etwa 10 Min. Mit einem Pürierstab pürieren, evtl. mit etwas Brühe verlängern. Den Parmesan in die Suppe rühren und mit Salz und wenig frisch gemahlenem schwarzem Pfeffer abschmecken.

Fenchelsuppe

(für die Eltern mit Pfeffer-Pecorino)

» Diese Fenchelsuppe mochte Polly schon immer supergerne. Wenn die äußeren harten Blätter und die harten Stiele alle entfernt werden, ist Fenchel schön zart und auch Essanfänger kommen gut mit den weichen Stückchen klar. Grundsätzlich passt zu Fenchel Käse ganz hervorragend (siehe auch der mit Manchego überbackene Fenchel auf S. 82). Und statt Fenchel passt auch Rosenkohl – die Kohlköpfe am besten halbieren oder vierteln, dann sind sie schneller gar. «

Für Eltern + Kind
5 Min. + 10 Min. Garzeit: 2 Fenchelknollen • 1 Zwiebel • Olivenöl • 2 große Kartoffeln • etwa 1 l leichte Gemüsebrühe • 1 Stängel glatte Petersilie • Salz • frisch gemahlener Pfeffer • 1 TL frisch geriebener Parmesan
Für die Eltern: 1 Handvoll frisch geriebener Pfeffer-Pecorino

- Den Fenchel waschen. Die äußeren harten Blätter entfernen und die Stiele und das Fenchelgrün abschneiden. Das Fenchelgrün aufbewahren. Die Knollen klein schneiden. Die Zwiebel abziehen, fein schneiden und zusammen mit dem Fenchel im Olivenöl anbraten. Die Kartoffeln schälen, waschen, klein schneiden und zusammen mit der Gemüsebrühe zum Fenchel geben. Die Suppe so lange kochen, bis Fenchel und Kartoffeln gar sind.

- Die Petersilie waschen, zupfen und klein schneiden. Die Suppe mit Salz und Pfeffer abschmecken. Eine Kinderportion abnehmen und mit Parmesan bestreuen.

- Für die Elternportionen das Fenchelgrün klein hacken und die Suppe mit Fenchelgrün, Petersilie und dem Pfeffer-Pecorino verfeinern.

Bohnensuppe

(für die Eltern mit Chorizo)

» Die Suppe lebt von der Mischung aus Möhren und Staudensellerie, die in Olivenöl angebraten werden – in Italien sagt man dazu „Soffritto". An ganz einfache Gemüsegerichte, aber auch Fleisch oder eben Suppen kann man mit einem Soffritto einen unverwechselbaren Geschmack bringen. «

Für Eltern + Kind
10 Min. + 30 Min. Garzeit: 1 Zwiebel • 1 Möhre • ½ Stange Staudensellerie • Olivenöl • 1 Dose Borlotti-Bohnen oder weiße Bohnen (400 g) • 1 Knoblauchzehe • etwa 700 ml leichte Gemüsebrühe • 1 Stängel glatte Petersilie • Salz • frisch gemahlener Pfeffer
Für die Eltern: 100 g Chorizo

- Die Zwiebel abziehen und fein schneiden. Die Möhre schälen oder unter fließendem Wasser gründlich abbürsten. Den Staudensellerie waschen und putzen. Möhre und Staudensellerie in ganz feine Würfelchen schneiden. Das Olivenöl erhitzen und Zwiebeln, Möhren und Sellerie darin braten – mindestens 15 Min. bei kleiner Hitze.

- Die Bohnen in ein Sieb geben, abspülen und zusammen mit der ungeschälten Knoblauchzehe und der Gemüsebrühe zum Gemüse geben. Aufkochen und 15 Min. köcheln lassen. Die Petersilie waschen, zupfen und klein schneiden.

- Die Suppe mit Salz und Pfeffer abschmecken. Eine Kinderportion abnehmen und abkühlen lassen. Evtl. einen Teil der Bohnen zerdrücken, sodass die Suppe sämiger wird. Für die Elternportion die Chorizo klein schneiden und zur restlichen Suppe geben. 3 Min. köcheln lassen. Mit der Petersilie bestreuen.

Tomatensuppe mit Fleischklößchen

» Polly isst supergerne Fleischklößchen und diese süßliche Tomatensuppe geht auch immer. Für eine feinere Konsistenz kann man sie mit dem Pürierstab pürieren. Lässt man sie etwas gröber, ist es wichtig, die Paprika ganz klein zu schneiden und nicht zu viel Wasser zuzugeben, damit die Suppe möglichst homogen ist. Übrigens: Wer möchte, kann natürlich auch frische Tomaten verwenden, aber an das Aroma von italienischen Eiertomaten in der Dose kommen die selten ran. «

Für Eltern + Kind
10 Min. + 20 Min. Garzeit: 1 rote Paprikaschote • 1 Zwiebel • 1 Knoblauchzehe • Olivenöl • 2 Dosen geschälte Tomaten (à 400 g) • 1 kräftige Prise Zucker • gekörnte Gemüsebrühe • Salz • frisch gemahlener Pfeffer • 1 frische Salsiccia oder eine andere grobe Bratwurst (100–150 g)

- Die Paprika waschen, putzen und in ganz kleine Würfelchen schneiden. Zwiebel und Knoblauch abziehen und ebenfalls ganz fein würfeln. Paprika und Zwiebeln in Olivenöl weich dünsten, dann den Knoblauch kurz mitdünsten.

- Die Tomaten zerkleinern, samt Saft zum Gemüse geben und ggf. mit ein wenig Wasser auf die richtige Suppenkonsistenz verlängern. Mit Zucker, gekörnter Gemüsebrühe, Salz und Pfeffer würzen und 10 Min. einkochen.

- Die Salsiccia bzw. grobe Bratwurst aus der Pelle drücken und zu kleinen Klößchen formen. Die Klößchen in die Suppe geben und 10 Min. gar ziehen lassen.

Eier

Hart oder weich?

Eins von Pollys ersten Wörtern war „Eier". Eine Zeitlang schrie sie beim Betreten eines Supermarkts aus vollem Halse: „EIER!" Ihre Gier nach weich gekochten Eiern ging so weit, dass wir das Frühstücksei zeitweise abschaffen mussten. Polly konnte es einfach nicht ertragen, dass unser Ei noch vor uns stand, während sie ihres schon aufgegessen hatte. Wenn Kleinkinder ein- bis zweimal in der Woche ein Ei essen, ist das prima. Manche Kinder mögen Eier gar nicht, für andere kann das gekochte Ei nicht weich genug sein. Oft hat es mit der Konsistenz zu tun, die muss man eben mögen bzw. man muss sich an sie gewöhnen. Kleinen Kindern, die ohnehin noch nicht so gut beißen und kauen können, kommt die Konsistenz von Rührei, gekochtem Ei oder Spiegelei sehr entgegen. Bei uns gibt es zum Abendessen häufiger auch mal ein Spiegelei, das auf Pollys Beliebtheitsskala mitterweile das gekochte Ei überholt hat. Zuerst löffelt sie so gut es geht mit einem Teelöffel das Eigelb weg, dann verschlingt sie das Eiweiß und putzt zuletzt mit einem Stück Brot die Eigelbreste vom Teller.

Kinder früh helfen lassen

An Eiergerichten ist toll, dass auch schon kleine Kinder super helfen können. Eier ganz alleine aufschlagen klappt natürlich noch nicht, aber wenn man das Ei aufknackst und Polly nur noch die Schale aufklappen muss, ist das ein Riesenspaß für sie. Und vielleicht auch der Beginn ihrer Beikochkarriere bei uns zu Hause. Auch Pfannkuchenteig rühren oder Rühreier hin- und herschieben in der Pfanne können schon Zweijährige, wenn man bereit dazu ist, hinterher etwas gründlicher sauber zu machen. Das Beste am Helfenlassen: Kinder sind superstolz und ihnen schmeckt's gleich doppelt gut, wenn sie mithelfen durften.

Eier in der Familientradition

Ich kann mich noch gut an mein liebstes Schulbrot erinnern: zwei Schnitten Sauerteigbrot mit einem beidseitig gebratenenen Spiegelei. Verrückt, dass meine Mutter schon in aller Herrgottsfrühe bereit war, am Herd zu stehen und Spiegeleier zu braten. Oder das Hermann-Josef-Schnittchen (benannt nach einem Onkel), das wir Kinder schon früh selbst zubereiten konnten: Es besteht aus einer Scheibe Brot mit gekochtem Schinken belegt, darauf in Scheiben geschnittene Tomaten, gut gewürzt mit Salz und Pfeffer, darauf kommt eine Scheibe Käse und zuletzt ein Spiegelei. Die Reihenfolge ist ganz wichtig, weil das heiße Ei den Käse leicht schmelzen lässt.

Tortilla mit Zucchini

» Tortilla war eines der ersten „richtigen" Erwachsenengerichte, die Polly gegessen hat. Sie mag es gerne würzig, und deswegen mochte sie auch Tortilla gerne. Die angebratenen Zwiebeln, das gut gewürzte Ei, zudem lässt sich Tortilla prima kauen. Man kann bei Tortilla beliebig die Zutaten variieren: Gut schmecken auch angedünsteter Kürbis oder Möhren, Erbsen und Blattspinat. Ein Rezept für kleine Tortillamuffins findet sich auf S. 16. Tortilla ist grundsätzlich ein prima Resteessen, wenn noch Pellkartoffeln und Gemüse vom Vortag übrig sind. «

Für Eltern + Kind
10 Min. + 20 Min. Garzeit: 2 große fest kochende Kartoffeln • Salz • 1 große Zwiebel • Olivenöl • 2 kleine, feste Zucchini • 1 Knoblauchzehe • 6 Eier • frisch gemahlener Pfeffer

• Den Backofen auf 190 Grad vorheizen (Ober-/Unterhitze). Die Kartoffeln schälen, in kleine Würfelchen schneiden und in wenig Salzwasser gar dünsten. Die Zwiebel abziehen, fein würfeln und in Olivenöl in einer beschichteten ofenfesten Pfanne weich dünsten. Die Zucchini waschen und reiben.

• Die Zucchiniraspel zu den Zwiebeln geben und anbraten. Den Knoblauch abziehen, pressen und kurz mitdünsten. Wenn die Kartoffeln gar sind, abgießen und zu den Zucchini geben.

• Die Eier verquirlen und kräftig mit Salz und Pfeffer abschmecken. Die Eier zu den Zucchini in die Pfanne geben und die Tortilla 15–20 Min. im vorgeheizten Ofen stocken lassen.

Korsisches Omelett

» Das korsische „Omelette au Brocciu" schmeckt herrlich frisch, und das, obwohl Käse mit in der Eiermasse ist. Brocciu ist ein weicher Frischkäse aus Schafs- oder Ziegenmilch (zu vergleichen mit provençalischem Brousse), aber sehr mild, eher wie der italienische Ricotta. Bei uns gibt es ihn praktisch nicht zu kaufen, aber Ricotta eignet sich genauso gut. Am besten lässt man den Ricotta in einem feinen Sieb etwas abtropfen, sodass er leichter zu zerbröckeln ist. Der Käse sollte sich nicht in der Eiermasse auflösen – also nicht zu wild rühren. In das Originalrezept gehören zwar keine Zwiebeln, aber ich finde, sie machen sich ganz gut im Omelett. Man kann auch anstelle eines dicken Omeletts mehrere kleine backen. «

Für Eltern + Kind
5 Min. + 5 Min. Garzeit: 1 große Zwiebel • Olivenöl • 6 Eier • Salz • frisch gemahlener Pfeffer • 100 g Ricotta
Für die Eltern: 10 Minzeblätter

• Die Zwiebel abziehen, fein würfeln und in reichlich Olivenöl in einer nicht zu großen beschichteten Pfanne weich dünsten. Die Eier verquirlen und kräftig mit Salz und Pfeffer würzen. Den Ricotta zerbröckeln und vorsichtig unter die Eiermasse heben.

• Die Eier zu den Zwiebeln geben. Stocken lassen, wenden und die Elternportion mit frischen Minzeblättern belegen.

Korsisches Omelett

Kaiserschmarrn

Apfelpfannkuchen

» Mit säuerlichen Äpfeln gelingt der Pfannkuchen am besten, z. B. mit den Sorten Elstar, Boskop oder Cox Orange. Die Teigmenge ist großzügig berechnet, weil die Pfannkuchen auch kalt gut schmecken und sich problemlos einfrieren lassen. Einfach eine Lage Backpapier zwischen jeden Pfannkuchen legen und entweder später nur auftauen oder in der Mikrowelle, in der Pfanne oder im Backofen erwärmen. Genauso wie bei Kaiserschmarrn gibt es bei uns zu einer süßen Mehlspeise eine Gemüsesuppe. Wenn die Gemüsewürfel schön klein geschnitten sind, gart die Suppe nebenher. «

Für Eltern + Kind
15 Min. + 10 Min. Garzeit:
3 Eier • 1 EL Honig • 1 Päckchen Bourbon-Vanillezucker • 200 ml Milch • 200 g Weizen- oder Dinkelmehl Type 1050 • 1 Prise Salz • 2–3 säuerliche Äpfel • Rapsöl (nicht kalt gepresst) oder Butter

- Die Eier trennen und das Eiweiß zu steifem Schnee schlagen. Das Eigelb mit dem Honig, dem Vanillezucker, der Milch, dem Mehl und dem Salz mit dem Schneebesen verrühren. Den Eischnee vorsichtig unterheben und den Teig, wenn möglich, 10 Min. quellen lassen.

- Die Äpfel schälen, vierteln, die Kerngehäuse herausschneiden und die Äpfel in nicht zu dünne Scheiben schneiden.

- 1 TL Rapsöl in einer beschichteten Pfanne erhitzen, eine Kelle Teig hineingeben. Die Apfelscheiben auf dem Pfannkuchen verteilen, die Unterseite des Pfannkuchens fest und goldgelb werden lassen, umdrehen und auch auf der anderen Seite goldgelb backen. Die nachfolgenden Apfelpfannkuchen genauso zubereiten.

Kaiserschmarrn

» Polly flippt regelmäßig aus, wenn es Kaiserschmarrn gibt. Kinder haben ja eine mehr oder weniger stark ausgeprägte Schwäche für Süßes, und diese lässt sich, wenn die Kinder so wie Polly noch nicht großartig an Süßigkeiten gewöhnt sind, gut mit einer süßen Mehlspeise stillen. Was ich ganz interessant finde: Polly braucht während einer süßen Mahlzeit auch immer etwas Salziges. Deswegen gibt es zum Kaiserschmarrn auch immer eine Gemüsesuppe – mit Erbsen, Möhren oder was halt gerade da ist. Dann happst sie im Wechsel ein Stück Kaiserschmarrn weg und nimmt einen Löffel Suppe. Oder sie tunkt den Pfannkuchen gleich in die Brühe. Wenn's schmeckt! «

Für Eltern + Kind
15 Min. + 5 Min. Garzeit: 3 Eier • 1 EL Zucker • 1 Päckchen Bourbon-Vanillezucker • 200 ml Milch • 200 g Weizen- oder Dinkelmehl Type 1050 • 1 Handvoll Rosinen • 1 Prise Salz • Butter • Puderzucker • 1 Glas Apfelmark (ohne Zuckerzusatz)

- Die Eier trennen und das Eiweiß steif schlagen. Das Eigelb mit dem Zucker, dem Vanillezucker, der Milch, dem Mehl, den Rosinen und dem Salz mithilfe eines Schneebesens verrühren. Den Eischnee vorsichtig unterheben und den Teig, wenn möglich, 10 Min. quellen lassen.

- Etwas Butter in einer beschichteten Pfanne erhitzen, eine Portion des Teigs hineingeben, verteilen, anbacken lassen, wenden und dann mit dem Pfannenwender zerreißen. Die Stücke goldgelb backen, aus der Pfanne nehmen und die weiteren Portionen genauso zubereiten. Den fertigen Kaiserschmarrn mit ganz wenig Puderzucker bestäuben und dazu etwas Apfelmark servieren.

Grundrezept Crêpes

» Crêpes sind eigentlich die besseren Pfannkuchen, weil man ordentlich was reinpacken kann. Nutella gibt es bei uns noch nicht, aber es ist gar nicht schwer, Crêpes auch lecker hinzukriegen, ohne dass sie totale Schokobomben sind. Polly mag salzige Crêpes mit geraspeltem Emmentaler oder Ricotta und gekochtem Schinken oder als süße Hauptspeise mit Apfelmus, Aprikosenkompott oder mit Mandelmus. Crêpes allein als Mahlzeit finde ich unvollständig, aber zusammen mit einem kleinen Möhren-Apfel-Salat (S. 103) oder einem Gurkensalat (S. 102) wird die Sache rund. Seitdem ich eine Crêpepfanne habe, die es übrigens nicht nur in Frankreich zu kaufen gibt, bin ich ganz glücklich, denn endlich gelingt das Wenden, ohne dass die sehr dünnen Fladen zerreißen – weil Crêpepfannen eine gute Antihaftbeschichtung haben und einen ganz niedrigen Rand. Am besten kauft man gleich zur Pfanne auch noch einen Teigverteiler aus Holz und einen extralangen und schmalen Crêpewender dazu. «

Für Eltern + Kind
10 Min. + 5 Min. Garzeit
200 ml fettarme Milch
100 g Weizenmehl Type 550
Rapsöl (nicht kalt gepresst)
1 Ei
1 kräftige Prise Muskatnuss, frisch gerieben
Salz

- Die Milch in eine Schüssel geben und mit einem Schneebesen das Mehl klumpenfrei einrühren. 1 EL Rapsöl, das Ei, Muskatnuss und etwas Salz zu einem glatten Teig verrühren. Wenn möglich, den Teig 10 Min. quellen lassen.

- Etwas Öl auf ein Küchenkrepp geben und eine beschichtete Pfanne damit ausstreichen. Eine kleine Kelle Teig in die Pfanne geben. So dünn es geht in der Pfanne verteilen, einmal wenden und auf beiden Seiten hellbraun werden lassen.

Crêpes

Kritische Phasen

Locker bleiben

„Was macht ihr eigentlich, wenn Polly gar nichts essen will?“ Über diese Frage einer Freundin, deren Kind ein paar Monate jünger ist, musste ich kürzlich länger nachdenken. Nicht, weil die Situation nie vorkommt. Eher weil ich mir unserer Strategie nicht bewusst war. Ab und an möchte Polly morgens nichts essen, aber da in der Krippe eh zusammen gefrühstückt wird, sind wir ganz gut aus dem Schneider, wenn wir sie ungefrühstückt losschicken.
Abends möchte sie in der Regel nichts essen, wenn sie von ihren Großeltern von der Krippe abgeholt wurde, weil sie dann oft schon ein Wiener Würstchen, eine Brezel und ein Laugencroissant gefuttert hat – im Sommer gekrönt von einem Eis. Auch wenn nachmittags in der Krippe Waffeln gebacken wurden, hält sich ihr Appetit am Abend in Grenzen.
Eltern erleben Essensverweigerung auch als Liebesverweigerung, was die Kleinen sehr schnell spüren und im Handumdrehen ihre Eltern in der Hand haben. In der ersten Zeit nach den Breien kam es regelmäßig vor, dass Polly unzufrieden war mit dem Essensangebot, weil wir auch noch nicht genau wussten, was ihr schmeckt. Es war recht anstrengend, besonders wenn wir uns viel Mühe gegeben hatten. Doch das alles hatte noch nichts mit Trotz oder Grenzen austesten zu tun. Im Nachhinein betrachtet gab es immer wieder Phasen, in denen Polly wenig Appetit hatte und gefühlt mit einer halben Brezel und zwei Löffeln Erbsen über den Tag kam. Immer wenn sie z. B. einen Wachstumsschub hatte, ließ ihr Appetit stark nach.

Alle Kinder haben kritische Phasen

Viele Kinder sind etwa bis zum 18. Lebensmonat extrem experimentierfreudig. Wir wunderten uns teilweise sehr, was Polly alles mit Genuss verspeiste: Bismarckhering, saure Gurken, Sülze (!). Oft dachten wir, ach ja, geben wir ihr eben ein Stückchen Roquefortkäse, den mag sie eh nicht. Aber da hatten wir uns getäuscht. Sie hat jedenfalls von allem probieren dürfen, das ihr keine Bauchschmerzen bereitet. Bitte beachten: Das ist leider nur eine Phase.
Irgendwann setzt nämlich die sogenannte Neophobie ein, die aus unkomplizierten Essern wählerische Kinder macht und sie – evolutionsbiologisch interpretiert – davor schützt, giftige Nahrung zu sich zu nehmen. Kinder reagieren dann besonders empfindlich auf die Geschmacksrichtung bitter. Im Kindergartenalter ist die Neophobie häufig am stärksten ausgeprägt und darüber hinaus ist sie bei jedem Kind auch unterschiedlich stark vorhanden. Polly hat mit 1 ¾ Jahren begonnen, Lebensmittel abzulehnen. Sie akzeptiert Saures nicht mehr ohne Weiteres. Und unser Saure-Gurken-Konsum ist seitdem drastisch zurückgegangen. „Sauer“ deutet evolutionsbiologisch auf Verdorbenes hin.
Kinder mit einer extrem ausgeprägten Neophobie von unbekannten Nahrungsmitteln zu überzeugen, ist nicht ohne und kann Eltern viel Kraft kosten. Beispielsweise, wenn Kinder nach dem Abstillen weder Milch trinken möchten, noch Milchprodukte oder Käse essen. In so einem Fall würde ich das immer mit dem Kinderarzt besprechen.

So wenig Druck wie möglich ausüben

Generell vermeiden wir es, Polly zum Essen oder Probieren zu überreden. Auf das Kind einzureden und zu nörgeln, verdirbt nur die Stimmung bei Tisch. Besser ist es, ihre Neugierde zu wecken. Manchmal hilft es, wenn man droht, ein Stück von ihrem Teller zu klauen, und vor lauter Futterneid schnappt sie es sich zurück und schiebt es in den Mund. Was sie auch mag: sich gegenseitig füttern. Polly füttert Mama oder Papa und wir füttern Polly.

Prinzipiell will sie mit allen Sinnen ihr Essen erkunden – und wir haben das Gefühl, dass sie durch dieses Erforschen die Lebensmittel besser „versteht" und schneller in ihr Repertoire aufnimmt. Und so lassen wir sie machen, inklusive kleckern, zerpflücken, auseinandernehmen. Auch in der Krippe hieß es immer, unter Pollys Stuhl lägen die meisten Essensreste. Und uns ist bis heute keine Strategie eingefallen, wie wir das hätten vermeiden können. Wir schreiten nur dann ein, wenn das richtige Gematsche losgeht und wenn Essen vorsätzlich auf dem Boden landet, was immer ein Zeichen dafür ist, dass die Erbsenwerferin satt ist.

Wenn Polly mit anderen Kindern gemeinsam am Tisch sitzt und alle probieren von dem, was es gibt, ist die Wahrscheinlichkeit groß, dass auch sie zugreift. Daher sind auch viele Krippen- und Kindergartenkinder in ihrer Einrichtung wesentlich unkompliziertere Esser als zu Hause.

Und vielleicht das Wichtigste: Ein sattes Kind probiert nicht gern. Dieses ewige Essen zwischendurch und auch ein Riesenbecher Saft verderben den Appetit. Auch wenn Kinder zum Einschlafen und nachts, vielleicht sogar noch zum Mittagsschlaf viel Milch aus der Flasche trinken, muss man sich nicht wundern, wenn sie zu den Mahlzeiten nie allzu hungrig sind. Polly kann man am besten an Neues gewöhnen, wenn sie richtigen Hunger hat. Die befriedigendsten Mahlzeiten haben wir am Wochenende, wenn Polly vormittags mit einem von uns auf den Spielplatz geht, wir erst mittags heimkommen und sie dann wie ein ausgehungerter Wolf über das Mittagessen herfällt.

Ablehnung nicht persönlich nehmen

Wenn das Mittagessen in zumindest zwei Komponenten aufgeteilt ist, läuft man in der Regel kaum Gefahr, dass das Kind wirklich gar nichts anrührt, sondern sich zumindest an Nudeln, Reis oder Kartoffeln satt essen kann. So kommt man auch gar nicht erst in Versuchung, eine Extrawurst zu braten. Und spätestens mit Beginn der Trotzphase probieren Kinder sich aus und lernen, dass sie Aufmerksamkeit bekommen, wenn sie sich verweigern. Ich versuche auch, Appelle wie „Jetzt iss doch noch ein bisschen!" zu vermeiden, weil Kinder sehr genau selbst wissen, wann sie genug haben. Was für eine wunderbare Vorstellung: Kleine Kinder essen, wenn sie hungrig sind und hören auf, sobald sie satt sind. Nicht wie die Erwachsenen, die essen, wenn sie nervös sind oder wenn ihnen langweilig ist, wenn sie Kummer haben oder sich einsam fühlen. Was würde ich darum geben, diese natürliche Regulierung noch zu besitzen!

So sind sie halt!

Kinder müssen immer wieder probieren, bis sie einen neuen, vielleicht beim ersten Eindruck ungewöhnlichen Geschmack akzeptieren. Und jedes Kind ist anders. Manche sind von Natur aus aufgeschlossene Esser und lehnen sehr früh – oft viel zu früh für den Geschmack ihrer Eltern! – ihren Brei ab und wollen das essen, was die anderen auf dem Teller haben. Andere sind solche Gewohnheitstiere, dass sie nur ganz schwer von ihren heißgeliebten Breien loskommen. Sie brauchen einfach etwas länger, und auch das ist okay so. Dann kommen noch ganz andere Neigungen hinzu: Ob man einen Vielesser oder Wenigesser, einen Zermalmer, einen Schlürfer, einen Zwischendurch-Esser oder einen Hunger-Aushalter zu Hause im Hochstuhl sitzen hat, kann man sich nicht aussuchen. Man kann nur immer wieder gesunde Angebote machen und Kinder, so klein sie auch sind, selber auswählen lassen. Die Eltern bestimmen, wann und was gegessen wird und die Kinder, ob sie etwas essen und wie viel.

Gemüse

Feldversuche

Wir sind ja heutzutage zum Glück davon abgekommen, Kinder dazu zu zwingen, ihren Teller leer zu essen. Gleichzeitig wird Eltern schnell das Gefühl vermittelt, einen „picky Eater“ heranzuzüchten, wenn der Nachwuchs keinen Grünkohl mag. Das ist doch nicht schlimm. Wenn es bei uns etwas gibt, das Polly noch nie gegessen hat, dann immer in Kombination mit etwas, von dem wir wissen, dass sie es grundsätzlich isst. Polly ist in ihren experimentierfreudigen Phasen neugierig, probiert, akzeptiert oder schüttelt sich und sortiert das, was sie nicht mag, wieder aus. Und genauso funktioniert eine Gewöhnung. Bis zu 15-mal müssen Kinder mitunter einzelne Lebensmittel probieren, bis sie sie mögen. Aber: Angeborene Abneigungen muss man als Eltern einfach akzeptieren.

Gemüse immer wieder anbieten

Polly mochte z. B. keine Kartoffeln – bis sie etwa 1 ½ Jahre alt war. Hinzu kommt, dass Kinder – meist im Laufe des zweiten Lebensjahres – sowieso wählerischer werden. Es war auch für uns ganz neu, als Polly plötzlich manche Gemüsesorten nicht mehr mochte, die sie bis dahin aber immer gerne gegessen hatte. Wenn man die ablehnende Haltung eher als Phase betrachtet – und das ist sie! –, neigt man als Eltern auch nicht dazu, Gemüsesorten für immer vom Tisch zu verbannen. In der Vergangenheit kam es z. B. vor, dass Polly ein paar Mal hintereinander Blumenkohl abgelehnt hatte, obwohl sie ihn als Einjährige liebte. Weil ich aber gerade ein Kochbuch-Manuskript mit lauter wunderbaren nordafrikanischen und israelischen Rezepten zum Lektorieren in der Pipeline hatte, gab es aus diesem Buch bei uns ziemlich häufig im Ofen gebackenen Blumenkohl mit kalter Zitrus-Tahina-Sauce. Polly mochte ihn nicht. Weil der Blumenkohl aber so köstlich ist, kommt er bei uns regelmäßig auf den Tisch, und langsam kann man bei Polly eine Annäherung beobachten. Ihr Widerstand wird von Mal zu Mal geringer. Sie bekommt alternativ, wenn wir den Tahina-Blumenkohl essen, ein bisschen rohe Paprika, Tomaten oder Gurken und möchte je nach Laune auch etwas von unserem Essen probieren.

Tiefgekühltes Gemüse

Gefrorenes Gemüse ist Geschmackssache und die Entscheidung dafür oder dagegen hängt wahrscheinlich auch davon ab, wie pragmatisch man ist. Polly isst gerne Erbsen und zu tiefgekühlten Erbsen gibt es eigentlich keine Alternative, denn die Erbsensaison ist kurz und das Pulen aufwendig. Erbsen aus der Dose kann man ganz vergessen. Deswegen haben wir immer tiefgekühlte Erbsen im Gefrierschrank.

Was wir kurz nach der Breiphase immer tiefgefroren im Vorrat hatten: Mais. Wenn es mal superschnell gehen muss, kann man aus kleinen Kürbis-Gnocchetti und einer Handvoll Tiefkühlmais, beides in etwas Butter sanft angebraten, ein schnelles Mittagessen kochen. Auch Blumenkohl, grüne Bohnen und Brokkoli finde ich tiefgekühlt in Ordnung, wenn es schnell gehen muss oder die Lust zum Kochen fehlt. Polly isst interessanterweise lieber tiefgekühlten Brokkoli als frischen, vielleicht, weil das Kohlige nicht mehr so hervorsticht und die Konsistenz etwas gefälliger ist.

Ofengemüse Sommer

» Ofengemüse gibt es im Sommer bei uns ständig. Das Gute daran ist, dass Polly Auswahl hat und sich das Gemüse raussuchen kann, das sie gerade am liebsten mag. Deswegen schneiden wir die Gemüsestücke auch nicht zu klein, sodass man im Ernstfall leichter aussortieren kann. Die Zwiebeln werden beim Backen im Ofen schön weich und süß, die Knoblauchzehen kann man regelrecht ausdrücken: Sie schmecken dünn auf Baguette gestrichen sehr gut. Der Dill passt übrigens prima zum Gemüse – in der türkischen Küche wird häufig Dill verwendet und mitgegart verleiht er Gemüse eine angenehm frische Note. Man kann natürlich auch Thymian oder Rosmarin verwenden. «

Für Eltern + Kind

10 Min. + 25 Min. Backzeit

1 Aubergine
1 Zucchini
1 Paprikaschote
1 große Möhre
3 kleine Zwiebeln oder Schalotten
1 Fenchel
1 Handvoll Kirschtomaten
½ Bund Dill
Olivenöl
Salz
frisch gemahlener Pfeffer
3 Knoblauchzehen

- Aubergine und Zucchini waschen, putzen und grob würfeln. Die Paprika waschen, putzen und in Rauten schneiden. Die Möhre schälen oder unter fließendem Wasser gründlich abbürsten und in Scheiben schneiden. Die Zwiebeln bzw. Schalotten abziehen und halbieren. Den Backofen auf 200 Grad (Ober-/Unterhitze) vorheizen.

- Den Fenchel waschen, die Stiele abschneiden, die äußeren, harten Blätter entfernen und die Knolle halbieren. Fenchel in feine Streifen schneiden. Die Tomaten waschen. Den Dill waschen, die Dillspitzen abzupfen und hacken.

- Das Gemüse zusammen mit dem Dill auf einem Backblech verteilen, mit reichlich Olivenöl beträufeln und mit Salz und Pfeffer würzen. Die Knoblauchzehen ungeschält dazulegen.

- Das Gemüse 20–30 Min. im vorgeheizten Ofen backen. Nach der Hälfte der Zeit einmal wenden.

Ofengemüse Sommer

Gegrillte Maiskolben

(für die Eltern mit Chili und Limette)

Für Eltern + Kind
5 Min. + 10 Min. Garzeit
3 Maiskolben
Butter

Für die Eltern
1 rote Chilischote
1 Limette
1 Handvoll frisch geriebener Pecorino

» Diese Maiskolben haben wir in einem Biergarten in Brooklyn gegessen. In einem umgebauten Feuerwehrauto wurde mexikanisch und kubanisch gekocht. Der Trick ist, die Blätter an den Kolben zu lassen – so muss man den Mais vorweg nicht kochen. Der Mais wird, von seinen Blättern geschützt, durch den entstehenden Wasserdampf sanft gegart und nicht zu dunkel beim Grillen. Wenn die Kinder noch nicht genug Zähne haben, um die Maiskörner von den Kolben zu nagen, kann man die Kerne einfach mit einem großen, scharfen Messer herunterschneiden. In der Elternversion werden die Maiskolben mit Limettensaft beträufelt und mit Chili und mexikanischem Reibekäse (Cotija) bestreut. Cotija gibt es bei uns praktisch nicht zu kaufen. Wir nehmen einfach Pecorino, der gut passt. Es sollte ein würziger und alter Käse sein, den man sehr fein reiben kann. «

- Den Holzkohle- oder Elektrogrill aufheizen und die Maiskolben bei nicht mehr allzu großer Hitze nebeneinander auf den Grill legen. Die äußeren Blätter werden beim Grillen dunkel und sollen währenddessen schichtweise abgerissen bzw. nach unten, zum Strunk hin umgeklappt werden. Umklappen ist die bessere Alternative, so hat man gleich eine Art Griff, an dem man den Kolben anfassen kann, ohne sich die Finger zu verbrennen.

- Achtung: Die Hitze darf nicht zu groß sein, sonst verbrennen im Nu alle Blätter und der Mais ist hinterher noch nicht gar. Etwa 10 Min. brauchen die Maiskolben, bis sie nach und nach ausgewickelt goldbraun und saftig sind.

- Für die Kinderportion den Maiskolben mit etwas Butter bestreichen. Für die Elternportion die Chili entkernen und fein würfeln. Die Kolben großzügig mit Limettensaft beträufeln, in 1–2 EL Chiliwürfeln und dem fein geriebenen Pecorino wälzen.

Gegrillte Maiskolben

Edamame

Ofengemüse Winter

(für die Eltern mit Zitronenbutter)

» Wurzelgemüse schmeckt leicht angeröstet einfach herrlich. Wer noch nicht genug Abstand vom Pastinakenbrei hat, dem sei gesagt: Pastinaken schmecken aus dem Ofen ganz anders und haben nicht viel mit gekochten Pastinaken gemein. Man kann hier beliebig variieren und auch einmal kleine Rübchen oder Rote Bete backen. «

Für Eltern + Kind
10 Min. + 35 Min. Backzeit: 2 Pastinaken • 1 Petersilienwurzel • 2 Möhren • 200 g Kürbis • 2 Zwiebeln • Olivenöl • Salz • frisch gemahlener Pfeffer
Für die Eltern: 1 unbehandelte Zitrone • 1 EL gehackte Petersilie • 2 EL Butter

• Den Backofen auf 200 Grad (Ober-/Unterhitze) vorheizen. Die Pastinaken und die Petersilienwurzel waschen, schälen und in Stücke schneiden. Die Möhren schälen oder unter fließendem Wasser gründlich abbürsten und schräg in Scheiben schneiden. Den Kürbis waschen, evtl. schälen, die Kerne und das weiche Innere mit einem Löffel herauskratzen und das Fruchtfleisch in Stücke schneiden. Die Zwiebeln abziehen und in grobe Spalten schneiden.

• Das Gemüse auf einem Backblech verteilen, mit reichlich Olivenöl beträufeln und mit Salz und Pfeffer würzen. Das Gemüse 30–40 Min. im vorgeheizten Ofen backen. Nach der Hälfte der Zeit einmal wenden.

• Für die Zitronenbutter die Zitrone heiß abwaschen und die Schale abreiben. Zitronenabrieb und gehackte Petersilie unter die Butter kneten und kalt stellen. Die Butter in Stückchen schneiden und vor dem Servieren auf dem Ofengemüse schmelzen lassen.

Edamame

» Edamame sind ganz junge, noch unreif geerntete Sojabohnen samt Hülse. Sie werden in Japan gerne als Snack oder Vorspeise gegessen. Im Asialaden gibt es sie auch bei uns tiefgefroren zu kaufen. In den USA sind sie seit ein paar Jahren en Vogue und werden dort als das neue Superlebensmittel gehypt. Weil sie reichlich Proteine und Fett enthalten, ist man verhältnismäßig schnell satt. Übrigens spricht laut der Fachgesellschaften überhaupt nichts dagegen, wenn Kleinkinder Soja – in welcher Form auch immer – essen. Polly liebt jedenfalls Edamame. Weil es was zu fummeln gibt, weil die Kerne so schön weich und süßlich und dazu überhaupt nicht mehlig sind. Sie verdrückt jedes Mal einen Riesenberg und ist ganz andächtig bei der Sache – dann wird es vor lauter Pulerei plötzlich ganz still am Esstisch. Wenn wir mit Freunden selber Sushi machen, gibt es auch immer Edamame, die mit einer Prise Meersalz oder besser noch Fleur de Sel bestreut werden. «

Für Eltern + Kind
5 Min. Garzeit: Salz • 300 g Edamame

• 1 l Salzwasser zum Kochen bringen und die Edamame darin 5 Min. kochen. Durch ein Sieb abgießen und fertig.

Zwiebeln aus Tropea

»Dass Polly gebratene Zwiebeln mag, ist uns eher zufällig aufgefallen. Zum Abendessen war Markus alleine mit Polly, er hatte keine Lust auf Brot und schnippelte deswegen ein paar Pellkartoffeln in die Pfanne. Und in Spalten geschnittene rote Zwiebeln. Polly hat dann im Wesentlichen alle Zwiebeln aus den Bratkartoffeln rausgesucht. Die Zwiebeln für dieses Rezept müssen übrigens nicht aus Tropea kommen, deutsche rote Zwiebeln eignen sich auch gut. Aber Tropea-Zwiebeln sind extrem lecker, kaum scharf, und sie werden beim Braten ganz süß. Im Sommer gibt es sie bei uns auf dem Markt zu kaufen, sie sind immer zu einem Kranz geflochten und kosten ein bisschen mehr als heimische Zwiebeln. «

Für Eltern + Kind
5 Min. + 15 Min. Garzeit: 500 g Zwiebeln aus Tropea (oder große rote Zwiebeln) • Olivenöl • Salz • frisch gemahlener Pfeffer

• Die Zwiebeln abziehen, in Spalten schneiden und in reichlich Olivenöl langsam anbraten. Nach 10–15 Min. sollten sie gar sein. Mit Salz und frisch gemahlenem Pfeffer würzen.

Überbackener Fenchel mit Manchego

»Die Kombination aus Fenchel und Manchego ist einfach oberlecker. Herausgefunden haben wir das, als wir im Sommer spontan in unserem Garten gegrillt haben und einfach alles, was noch im Kühlschrank lag, dorthin mitnahmen. Unter anderem waren das eine Fenchelknolle und Reste von einem Stück Manchego. Auf einem Stück Alufolie haben wir dann den dünn geschnittenen Fenchel gegrillt und ein paar Scheiben Manchegokäse auf ihm schmelzen lassen. «

Für Eltern + Kind
5 Min. + 15 Min. Garzeit: 2–3 Fenchelknollen • Olivenöl • Salz • frisch gemahlener Pfeffer • 100 g Manchego

• Den Fenchel waschen. Die äußeren harten Blätter und die Stiele entfernen und das Fenchelgrün abschneiden. Den Fenchel in dicke Scheiben schneiden und – am besten im Gemüsedämpfer – bissfest garen. Den Backofen auf 200 Grad (Ober-/Unterhitze) vorheizen.

• Eine feuerfeste Form mit Olivenöl auspinseln und die Fenchelscheiben nebeneinander hineinlegen. Evtl. mit wenig Salz und frisch gemahlenem Pfeffer würzen. Den Manchego reiben und auf den Fenchelscheiben verteilen. Den Fenchel im vorgeheizten Backofen 10 Min. überbacken.

In Butter gedünsteter Mais

» Polly liebt Mais, wie wahrscheinlich neunzig Prozent aller Kinder. Der Unterschied zu Dosenmais ist nicht so riesengroß wie bei Erbsen, aber tiefgekühlter Mais ist einfach noch einen Ticken saftiger, süßer und frischer. Das Rezept ist so simpel, dass es sich kaum lohnt, es aufzuschreiben: Mais mit Butter in den Topf geben, anstellen, Deckel drauf, warten, fertig. Sowohl im normalen Supermarkt als auch im Bioladen gibt es tiefgekühlten Mais zu kaufen. «

Für Eltern + Kind
10 Min. Garzeit: ½ Packung tiefgekühlter Mais (etwa 220 g) • 1 EL Butter • Salz

- Den Mais mit der Butter in einem beschichteten Topf mit Deckel auf kleinster Flamme langsam andünsten. Wenn er droht anzubrennen, ein wenig Wasser hinzufügen.

- Den Mais salzen und so lange garen, bis er aufgetaut und gar ist.

Mangold mit Rosinen und Pinienkernen

» Wir haben erst spät angefangen, Polly Blattgemüse anzubieten. Nicht weil wir es nicht gerne essen, sondern weil Polly mit Gemüse, das schön kompakt in den Händen liegt, besser klargekommen ist. Mangold schmeckt kräftig und ist im Frühsommer am besten, wenn die Stiele des jungen Blattmangolds noch zart sind und man sie gar nicht oder nur kurz vorkochen muss. Rot- oder gelbstieliger Mangold sieht darüber hinaus auch noch toll aus. Im Herbst gibt es mehr Stielmangold, dessen Stiele man wie Spargel zubereiten kann. Dicke Blattrippen müssen dann auch aus den Blättern herausgeschnitten werden und die Blätter brauchen deutlich länger, bis sie gar sind. Spinat kann man übrigens auf die gleiche Art und Weise zubereiten! «

Für Eltern + Kind
5 Min. + 10 Min. Garzeit: 500 g junger Blattmangold • Salz • 1 Knoblauchzehe • Olivenöl • 1 Handvoll Rosinen • 1 Handvoll Pinienkerne • frisch gemahlener Pfeffer

- Den Mangold gründlich waschen und putzen. Große Blätter teilen, grobe Stiele abtrennen und in Salzwasser 2 Min. vorkochen. Den Knoblauch abziehen und in Scheiben schneiden. Den Mangold trocken schütteln und in reichlich Olivenöl in einem großen Topf andünsten. Die Rosinen heiß abspülen und zum Mangold geben. Den Knoblauch hinzufügen.

- Den Mangold kräftig mit Salz würzen und gar dünsten. Die Pinienkerne in einer beschichteten Pfanne ohne Fett anrösten. Zum Schluss unter das Mangoldgemüse rühren und mit Pfeffer und Salz abschmecken.

Butternutkürbis aus dem Ofen

» Butternut ist unser Lieblingskürbis. Er hat es mittlerweile schon ins Sortiment der Discounter geschafft. Es ist also nicht kompliziert, ab September bis Januar heimischen Butternut zu kaufen. Achtung: Ab dem Frühjahr kommt Kürbis in der Regel aus Übersee – auch der aus dem Bioladen. Butternut muss man nicht schälen, aber Kinder stören sich mitunter an der harten Schale. Durch seine Birnenform hat man nur Kerne im bauchigen Teil des Kürbis. Ich kaufe daher am liebsten Exemplare mit einem sehr langen Hals. Kürbis eignet sich perfekt für die Zubereitung im Backofen. In etwas Olivenöl gebacken wird er weich, und gleichzeitig karamellisiert die enthaltene Stärke. Köstlich! «

Für Eltern + Kind
5 Min. + 20 Min. Garzeit: 500 g Butternutkürbis • Olivenöl • Salz • frisch gemahlener Pfeffer • Für die Eltern: • 2 Knoblauchzehen

• Den Backofen auf 200 Grad (Ober-/Unterhitze) vorheizen. Den Kürbis waschen, gründlich abbürsten, das weiche Innere und die Kerne mit einem Löffel herauskratzen und den Kürbis in 1,5 cm dicke Scheiben schneiden.

• Ein Blech mit Backpapier auslegen und das Backpapier mit Olivenöl einfetten. Die Kürbisscheiben nebeneinander darauflegen und mit wenig Olivenöl beträufeln. Mit Salz und Pfeffer würzen.

• Für die Elternportion den Knoblauch abziehen und pressen. Auf der Elternportion den Knoblauch verteilen und den Kürbis im vorgeheizten Ofen 20 Min. backen.

Spaghettikürbis

» Spaghettikürbis wird im Ganzen gekocht. Ist er gar, schneidet man ihn auf und löffelt das weiche Innere und die Kerne heraus. Die Spaghettikürbis-Fasern lassen sich nach dem Kochen mit einem Löffel lockern und ganz einfach herausziehen – eben wie Spaghetti. Die Kürbisspaghetti sind bissfest und bei Weitem nicht so mehlig bzw. pappig wie z. B. ein Hokkaidokürbis. Wir essen sie als Beilage mit etwas Butter und Salz, man kann aber auch eine Tomatensauce kochen und die Kürbisspaghetti als echte Spaghetti tarnen. «

Für Eltern + Kind
5 Min. + 30 Min. Garzeit: 1 Spaghettikürbis • Salz • Butter

• Den Kürbis in einem großen Topf mit kochendem Wasser etwa 30 Min. mit geschlossenem Deckel garen. Aus dem Wasser nehmen, der Länge nach durchschneiden, das weiche Innere und die Kerne herauskratzen. Dann mit einem Löffel die Spaghettifäden vom Rand ablösen und herunterschaben.

• Die Kürbisspaghetti auf einem großen Teller aufhäufen, salzen und Butterflöckchen auf den Spaghetti schmelzen lassen.

Butternutkürbis aus dem Ofen

Fleisch

Tierisch

Polly hat recht schnell ihre Vorliebe für Würstchen entdeckt. Auch Hackfleisch isst sie gerne. Aber mit Schmorgerichten, wie wir sie gerne essen oder marokkanischer Tagine muss man ihr nicht kommen. Dafür ist sie noch zu klein. Deswegen gibt es ab und zu Frikadellen (S. 90), gegrilltes Hähnchen vom Metzger oder ein kleines Stück natur gebratenes Hähnchenbrust- oder Lammfilet. Wenn man ihr das Fleisch in Streifen schneidet, kommt sie auch mit der Konsistenz klar.
Alle Jubeljahre gibt es bei uns ein echtes Wiener Schnitzel (S. 90), das Polly auch gerne isst. Und kürzlich aß sie völlig unerwartet von unseren Saltimbocca mit. Kalbfleisch hat den großen Vorteil, dass es zart ist und Kinder es gut kauen können. Ich hatte beim italienischen Metzger Saltimbocca gekauft – eigentlich nur für uns zwei. Polly aß aber tüchtig mit – trotz Salbei! Wegen des Parmaschinkens schmeckt es schön würzig, das mag sie gerne. Saltimbocca hat den Vorteil, dass es von jeder Seite nur 2 Minuten braten muss – vorausgesetzt, das Kalbfleisch ist sehr dünn geschnitten.

Fleisch – müssen Kinder kauen können

Für mich war als Kind fettes Fleisch der Alptraum. Ich weiß noch genau, wie widerlich es für mich war, auf einen Fettrand zu beißen. Oder wie man halb erstickt ist an zähem Fleisch. Man kriegt es nicht kleingekaut, schluckt einen viel zu großen Brocken runter und spürt ihn auf dem Weg in den Magen den ganzen Hals hinab. Die meisten Kinder, die ungern Fleisch essen, haben weniger Probleme mit seinem Geschmack, sondern viel eher mit der Konsistenz. Deswegen lieber mal etwas mehr ausgeben für ein kleines Lammfilet, das so zart ist, dass es auf der Zunge zergeht. Bio-Fleisch ist in aller Regel auch zarter.

Mein Kind isst kein Fleisch

Kinder brauchen nicht viel Fleisch, ein- bis zweimal die Woche eine kleine kinderhandgroße Portion reicht vollkommen, und wenn Kinder gar kein Fleisch oder keinen Aufschnitt mögen, ist das auch kein Problem. Dann für die Eiweißversorgung einfach regelmäßig Gerichte mit Hülsenfrüchten anbieten (Bohnensuppe S. 63, Erbsensuppe S. 59, Linsensuppe S. 59, Kichererbsencreme S. 107), für ausreichend Eisen regelmäßig Sesammus (Tahin) aufs Brot streichen, ab und zu Gerichte mit Nüssen kochen (S. 111, 33, 104) und Weißbrot gegen Vollkornbrot tauschen. Eisenreich sind darüber hinaus auch Haferflocken. Wenn Kinder kein Fleisch essen, bietet es sich an, Haferflocken ohne Milchprodukte anzurühren, da das Kalzium aus Milchprodukten die Aufnahme von Eisen aus dem Getreide behindert. Vitamin C verbessert hingegen die Eisenaufnahme – dann die Flocken anstatt mit Milch mit Orangensaft zubereiten, weil der Vitamin C enthält. Auch Quinoa und Amaranth enthalten viel Eisen, werden aber für Kinder unter zwei Jahren nicht empfohlen, da Quinoa darmschleimhautschädigende Saponine enthält und Amaranth Gerbstoffe, die wiederum die Vitamin- und Mineralstoffaufnahme hemmen können.

Schnelles Hühnerfrikassee

» Als Kind war Hühnerfrikassee eines meiner Leibgerichte. Die sämige Sauce, der milde Geschmack, nur mit den Kapern konnte ich bis ins Erwachsenenalter nichts anfangen. Der Zeitaufwand spricht auf jeden Fall gegen das Gericht, aber man kann sehr gut ein Grillhähnchen verwenden, die Haut ablösen, und spart sich so das Kochen des Huhns. Spargel mochte Polly auch ziemlich lange nicht, und daher gab es bei uns das Frikassee zuerst nur mit Erbsen und mit Champignons anstelle von Spargel. «

Für Eltern + Kind

10 Min. + 20 Min. Garzeit

1 Handvoll Spargelspitzen (vom Markt)
1 Handvoll braune Champignons
Olivenöl
Salz
frisch gemahlener Pfeffer
1 EL Butter
1 EL Mehl
1 l Hühnerbrühe
1 Handvoll tiefgekühlte Erbsen
1 halbes Grillhähnchen (vom Metzger)

Für die Eltern

1 EL Kapern

- Die Spargelspitzen waschen und evtl. schälen – je nachdem, wie kurz sie sind. Die Spitzen – am besten im Gemüsedämpfer – bissfest dünsten. Die Champignons putzen, je nach Größe vierteln oder in Scheiben schneiden und in wenig Olivenöl in einer beschichteten Pfanne hellbraun anbraten. Pilze salzen, pfeffern und herausnehmen.

- Die Butter in einem Topf aufschäumen, das Mehl zugeben und kurz anschwitzen. Die Hühnerbrühe nach und nach zugeben und mit einem Schneebesen gründlich verrühren. Die Erbsen in die Sauce geben und 5 Min. garen.

- Die Haut vom Grillhähnchen entfernen. Das Fleisch von den Knochen lösen und in mundgerechte Stücke zupfen.

- Spargel, Champignons und das Hähnchenfleisch in die Sauce geben und darin erwärmen. Die Sauce mit Salz und Pfeffer abschmecken.

- Die Kinderportion abnehmen und abkühlen lassen. In die Elternportion die Kapern einrühren und aufkochen lassen.

Schnelles Hühner-
frikassee

Geflügelbuletten

» Hackfleisch ist deswegen so beliebt bei Kindern, weil es sich gut kauen lässt. Ich habe auf der Suche nach Hackfleisch irgendwann in der Bioladen-Tiefkühltheke Geflügelhackfleisch entdeckt und war ganz angetan davon. Es ist im Gegensatz zu Rinderhackfleisch fettärmer und feiner in seiner Konsistenz. Aus dem Hackfleischteig lässt sich auch ein falscher Hase zubereiten: Einfach die Masse in eine gefettete, ofenfeste Form drücken oder zu einem länglichen, etwa 20 cm langen Laib formen und bei 200 Grad (Ober-/Unterhitze) auf der untersten Schiene 30 Min. backen. Kürzlich habe ich eine vietnamesisch angehauchte Suppe mit Reis-Bandnudeln gekocht (Pho Bo). Auf der Suche nach einer Einlage für die Pho Bo bin ich in unserer Tiefkühltruhe auf eingefrorene Geflügelbuletten gestoßen, die sich aufgetaut und in Scheiben geschnitten hervorragend in der Suppe gemacht haben. «

Für Eltern + Kind
10 Min. + 10 Min. Garzeit: 1 kleine Zwiebel • 1 Ei • 1 kleine Handvoll frisch geriebener Pecorino • 1–2 EL Semmelbrösel • ½ TL getrockneter Majoran • 250 g Bio-Geflügelhackfleisch (Biopolar) • 2 EL fein gehackte glatte Petersilie • Salz • frisch gemahlener Pfeffer • Olivenöl

- Die Zwiebel abziehen und fein würfeln. Das Ei, die Zwiebeln, den Käse, die Semmelbrösel und den Majoran mit dem Hackfleisch in eine Schüssel geben. Petersilie zugeben, gut verkneten und mit Salz und Pfeffer abschmecken.

- Aus dem Hackfleischteig Buletten formen und diese in heißem Olivenöl in einer beschichteten Pfanne rundherum goldbraun anbraten.

Echtes Wiener Schnitzel

» Ein echtes Wiener Schnitzel ist etwas ganz Besonderes, das es nicht jede Woche geben sollte. Kalbfleisch ist teuer und die Butterschmalzkeule können Kinder (und Erwachsene) nur ab und zu vertragen. Wenn es bei uns Schnitzel gibt, dann machen wir auch keine großen Beilagen dazu, sondern nur einen Gurkensalat (S. 102), der zu diesem üppigen Hauptgericht fantastisch passt. «

Für Eltern + Kind
5 Min. + 5 Min. Garzeit: 5 kleine Kalbsschnitzel • Salz • frisch gemahlener Pfeffer • 1 Ei • 2 EL Mehl • 3 EL Semmelbrösel • Butterschmalz

- Das Fleisch waschen und mit Küchenkrepp trocken tupfen. Die Schnitzel in einen Gefrierbeutel legen, Gefrierbeutel schließen und sanft flach klopfen. Dann das Fleisch wieder herausnehmen, salzen und pfeffern. Das Ei in einem tiefen Teller verquirlen. Mehl und Semmelbrösel jeweils auf Tellern verteilen.

- Die Schnitzel zuerst in Mehl, dann in dem verquirlten Ei und zuletzt gründlich in den Semmelbröseln wälzen.

- Butterschmalz in einer Pfanne erhitzen und die Schnitzel darin von beiden Seiten je 2 Min. goldbraun braten.

Geflügelbuletten

Risotto mit Kürbis und Salsicciabällchen

Risotto mit Kürbis und Salsiccia-Bällchen

» Das Risotto schmeckt auch gut mit Erbsen oder Möhren. Wenn Kinder gerne Fleisch bzw. Frikadellen essen, ist dieses Risotto genau richtig. Pollys Lieblingssport: Salsiccia-Bällchen von anderen Tellern klauen. Natürlich kann man die Fleischbällchen auch aus ganz normaler frischer, grober Bratwurst machen. «

Für Eltern + Kind

⏲ 10 Min. + 30 Min. Garzeit

etwa 1 l leichte Hühnerbrühe
1 Zwiebel
Olivenöl
200–250 g Risottoreis
300 g Kürbis (Muskat, Butternut oder Hokkaido)
1 frische Salsiccia oder normale grobe Bratwurst (100–150 g)
2 Handvoll frisch geriebener Parmesan
Salz
frisch gemahlener Pfeffer

- Die Brühe aufkochen. Die Zwiebel abziehen, fein hacken und im Olivenöl hellgelb dünsten. Den Risottoreis hinzufügen und kurz mitbraten. Den Kürbis schälen und in kleine Würfel schneiden (maximal 1 × 1 cm groß, eher kleiner, sonst wird der Kürbis nicht gar). Die Hälfte der Brühe und den Kürbis zugeben und gelegentlich umrühren.

- Ist die Brühe vom Risotto vollständig aufgenommen, die restliche Brühe zugießen. Der Reis braucht je nach Sorte 20–30 Min. um gar zu werden. Das Risotto sollte noch suppig sein. Wird es zu fest, einfach noch etwas Brühe oder heißes Wasser zugießen.

- In der Zwischenzeit die Salsiccia bzw. grobe Bratwurst aus der Pelle drücken und das Brät zu kleinen Bällchen formen. Die Bällchen in einer beschichteten Pfanne ohne Fett hellbraun anbraten. Zuletzt den geriebenen Parmesan unter das fertige Risotto rühren. Vorsichtig mit Salz und mit frisch gemahlenem Pfeffer abschmecken und mit den Wurstbällchen anrichten.

Alle Kinder lieben Würstchen. Und Polly liebt natürlich auch Würstchen. Zuerst waren es Wiener Würstchen, dann ist sie irgendwann auf den Geschmack gekommen und mochte Nürnberger, zurzeit steht sie auf Salsiccia. Salsiccia ist eine frische, grobe italienische Bratwurst, die wir im Sommer auf den Grill hauen oder aus der Pelle drücken und zu Bolognese verarbeiten. Kaufen kann man Salsiccia im italienischen Lebensmittelladen, aber auch viele gute Metzgereien haben mittlerweile eine mediterran gewürzte Bratwurst im Sortiment. Salsiccia gibt es in den Sorten „Tradizionale“, „Finocchio“ (mit Fenchelsamen) und „Piccante“ (mit Peperoncini). Das Gute an Salsiccia oder alternativ normaler grober Bratwurst: Man muss das Brät nur aus der Pelle drücken. Und schon hat man fertig gewürzte kleine Fleischklopse, die nur in einer Suppe gar ziehen (S. 63) oder in der Pfanne gebraten werden müssen.

Fisch

Aus dem Wasser

Wir achten beim Einkaufen darauf, dass der Fisch, den wir kaufen – im Wesentlichen ist das Hering (Bismarckhering, Rollmops, Matjes) und ab und zu auch mal Lachs – das MSC-Siegel trägt. Bei Wildfisch weist das MSC-Siegel auf nachhaltige Fischerei hin. Ich finde das Siegel zur Orientierung prima, weil man so beim Einkaufen nicht noch darauf achten muss, ob der Hering nun in der westlichen Ostsee oder im Nordost-Atlantik gefangen wurde. Der Zustand der Bestände ändert sich auch, und man kann als normaler Konsument gar nicht so up to date sein.

Polly isst gerne und oft Bismarckhering, weil sie es von Markus vorgelebt bekommt. Und kürzlich habe ich eine ganze geräucherte Makrele gekauft zum Abendbrot. Polly fand den Kopf etwas gruselig, aß dann aber beherzt vom Makrelenfilet. Man muss nur aufpassen und vorher alle Gräten entfernen.

Mein Kind isst keinen Fisch

Wenn Kinder keinen (See-)Fisch mögen, oder aus welchen Gründen auch immer kaum Fisch gegessen wird, geht das zu Lasten der Jodversorgung. Das Problem lässt sich aber auch anderweitig lösen: Man sollte zu Hause immer Jodsalz verwenden. Und selbst wenn Familien regelmäßig Fisch essen, sollte das Salz zu Hause immer mit Jod angereichert sein, da wir insgesamt schlechter mit Jod versorgt sind als noch vor zehn Jahren. Mehr als jedes zweite Kind zwischen sechs und zwölf Jahren erreicht die empfohlene Jodzufuhr nicht, was daran liegt, dass Bäcker und die Industrie insgesamt weniger Jodsalz verwenden. Und auch zu Hause hat unser Salz Konkurrenz bekommen: durch Fleur de Sel, grobkörniges Meersalz oder rosa Salzflakes aus Italien. Daher: Am besten ganz strikt und ausschließlich Jodsalz verwenden.

Jodversorgung

Ich habe mich kürzlich gefragt, warum immer nur Seefisch als guter Jodlieferant genannt wird, wo doch auch Algen sehr jodreich sind. Getrocknete Algen (Nori-Blätter) haben auch wir im Vorratsschrank, um Sushi damit zu machen. Lecker schmecken darüber hinaus fein geschnittene Algen aus Japan, mit denen man gegarten Reis würzt. Meine Recherchen ergaben Folgendes: Der Jodgehalt von getrockneten Algen kann extrem schwanken. Man sieht es den Algen nicht an, wenn sie sehr hohe Mengen Jod enthalten bzw. der Jodgehalt steht auch nirgendwo auf der Verpackung. (Auf unseren Äpfeln steht ja auch nicht, wie viel Vitamin C drin ist.)

Würde man jedenfalls von diesen extrem jodreichen Algen eine normale Portion von 10 Gramm essen, wäre die Jodaufnahme für Erwachsene 10-mal höher als die tolerable Jodzufuhr (tolerable upper Intake Level, UL). Würden aber Kleinkinder eine Portion von diesen Algen essen, würde ihre Tageshöchstmenge an Jod auf einen Schlag um das 25-Fache überschritten. Das Problem ist aber noch nicht einmal die Jodmenge, sondern eher, dass wir in unseren Breitengraden an sehr geringe Mengen Jod gewöhnt sind und deswegen viel stärker auf eine hohe Dosis reagieren. Und besonders sensibel für einen Jodüberschuss sind Kleinkinder und Schwangere.

Lachs-Fischstäbchen

»Fischstäbchen sind ein Klassiker, und selbst gemacht schmecken sie noch besser. Wer Fett sparen möchte, besprüht die Fischstäbchen mit Öl (aus einer Ölsprühflasche) und backt sie auf Backpapier im Backofen. Da es bei uns aber nur ein- oder zweimal im Monat Fischstäbchen gibt, braten wir sie in der Pfanne. Dazu gibt es Reis und Spitzkohl (S. 29) oder einen Gurkensalat (S. 102). Übrigens gibt es mittlerweile auch fertig panierte Fischstäbchen aus Lachsfilet zu kaufen, die gar nicht schlecht schmecken. Und: tiefgekühltes Lachsfilet ist immer grätenfrei! «

Für Eltern + Kind
5 Min. + 10 Min. Garzeit
250 g tiefgekühltes Lachsfilet
Zitronensaft
Salz
frisch gemahlener Pfeffer
1 Ei
Mehl
2 Handvoll Cornflakes
Rapsöl (nicht kalt gepresst)

- Das Lachsfilet waschen, mit Küchenkrepp abtrocknen, in längliche Stücke schneiden, die Stücke mit Zitronensaft beträufeln und dann salzen und pfeffern. Das Ei in einem tiefen Teller verquirlen. Etwas Mehl auf einem weiteren Teller aufhäufen. Die Cornflakes in einen Gefrierbeutel füllen, den Beutel schließen und die Cornflakes zerdrücken – mit einem Nudelholz oder einem anderen schweren Gegenstand.

- In einer beschichteten Pfanne wenig Rapsöl erhitzen. Die Lachsstücke zuerst in Ei, dann in Mehl (überschüssiges Mehl abklopfen) und zuletzt in den Cornflakes wälzen.

- Die Fischstäbchen in einer beschichteten Pfanne im nicht zu heißen Rapsöl von allen Seiten goldbraun anbraten.

Omegas aus Rapsöl. Längerkettige Omega-3-Fettsäuren stecken in fetten Kaltwasserfischen, wie z.B. Lachs, Hering und Makrele. Eine weitere gute Quelle für Omega-3-Fettsäuren sind Walnuss-, Lein- und Rapsöl. Viele Erwachsene stoßen zum ersten Mal auf Rapsöl, wenn das Baby seinen ersten Brei isst, da Rapsöl für die Babybreie empfohlen wird. Und einige wissen nicht, dass es auch geschmacksneutrales Rapsöl gibt. Zugegebenermaßen schmeckt kaltgepresstes Rapsöl streng und ist nicht jedermanns Sache. Darüber hinaus eignet es sich nicht zum Braten, weil es bei hohen Temperaturen mitunter einen noch strengeren Geschmack annimmt. Sogenanntes feines Rapsöl schmeckt nach nichts und ist gereinigt, was die Qualität der Inhaltsstoffe jedoch nicht beeinträchtigt. Es versteckt sich oft in ganz einfachem und preiswertem Speise- oder Tafelöl.

Lachs-Fischstäbchen

In Olivenöl gebratenes Fischfilet

» Bei Polly ist es von ihrer Stimmung abhängig, ob sie bei Fisch zugreift. Daher gibt es Fisch bei uns nicht als Eintopf oder Auflauf, weil sonst das Herauspicken zu mühsam ist, sondern z. B. ein natur angebratenes Kabeljau- oder Seelachsfilet. Ich benutze zum Braten ein sehr kräftiges Olivenöl und zum Würzen eine angedrückte Knoblauchzehe, die mit in die Pfanne kommt und ein ganz zartes Aroma an den Fisch bringt. «

Für Eltern + Kind
5 Min. + 10 Min. Garzeit: 3 kleine frische Kabeljau- oder Seelachsfilets • Zitronensaft • Salz • frisch gemahlener Pfeffer • Mehl • kräftiges Olivenöl • 1 Knoblauchzehe

- Die Fischfilets nach Gräten absuchen und diese mit einer Pinzette herausziehen. Den Fisch unter fließendem Wasser abwaschen, trocken tupfen und mit Zitronensaft beträufeln. Anschließend salzen und pfeffern und leicht in Mehl wenden (überschüssiges Mehl abklopfen).

- Olivenöl in einer beschichteten Pfanne erhitzen und die Fischfilets hineingeben. Die ungeschälte Knoblauchzehe mit dem Messerrücken andrücken und in die Pfanne legen.

- Den Fisch von jeder Seite etwa 3–4 Min. braten, bis er im Inneren nicht mehr glasig ist.

Schwedischer Heringstipp

» Für Kinder, die gerade erst anfangen mitzuessen, ist Matjes noch nichts – zu salzig. Auch größere Kinder werden mitunter sehr, sehr durstig, wenn sie zu salzig essen. Wenn Polly mitisst, achte ich darauf, dass der Matjes nicht zu viel Salz enthält. Fischgeschäfte führen oft mehrere Sorten Matjes, die sich in ihrem Salzgehalt voneinander unterscheiden. Oft mögen die Kleinen aber eh die Sauce mit den Äpfeln am liebsten und können sich dann an Kartoffeln und Sauce satt essen. «

Für Eltern + Kind
5 Min.: 4 nicht so salzige Matjesfilets (etwa 4 % Salz) • 300 g saure Sahne • 3 EL süßer Senf • 1 säuerlicher Apfel • evtl. 1 rote Zwiebel

- Den Matjes in Stücke schneiden. Die saure Sahne mit dem süßen Senf in einer Schüssel verrühren. Den Apfel schälen, Kerngehäuse herausschneiden, das Fruchtfleisch klein schneiden und unterrühren.

- Den Matjes zugeben und kurz ziehen lassen. Wenn gewünscht, die Zwiebel abziehen, fein schneiden und hinzufügen.

Schwedischer Heringstipp

Kaltes,
Rohkost und
Salate

Superfrisch

Pollys erste Rohkost war Möhren-Apfel-Salat. Natürlich hatte sie vorher schon ungekochtes Obst probiert, aber eben noch nie rohes Gemüse. Das war ein Hallo! Sie schaufelte sich mit den Händen den feingeriebenen Salat rein und wollte sofort Nachschlag. Für Kinder, die Abwechslung brauchen, ist es natürlich herrlich, nach zehn Monaten Breien einen kalten süß-säuerlichen und saftigen Salat zu essen. Andere Kinder hängen an ihren Breien und sträuben sich mit Händen und Füßen gegen neue Konsistenzen und Geschmacksrichtungen.

Polly hat wochenlang zum Abendessen Möhren-Apfel-Salat (S. 103) bekommen, und dann war mit einem Mal Schluss. Und die nächste Rohkost musste her: Selleriesalat mit Trauben und Walnüssen (S. 104). Danach aß sie gerne eine kleine Schüssel gekochte Erbsen oder Mais zu ihrem Käsebrot.

Wenn die Backenzähne da sind

Seitdem Polly ihre Backenzähne hat, kann sie auch härtere Gemüsesorten kauen, was das Abendbrot viel einfacher macht. Eine oder zwei Gemüsesorten davon reichen schon zum Käsebrot, es geht schnell und alle sind zufrieden. Polly traut sich in letzter Zeit immer häufiger an unseren Erwachsenen-Salat. Es fing damit an, dass sie beim Dressingrühren helfen durfte, die Salatsauce probierte und anschließend Radieschenscheiben, Gurken und Tomaten aus dem gemischten Salat heraussuchte. Ganz wichtig: Dass bloß keine Blätter (Kopfsalat, Rucola oder ähnliches Grünzeug) auf ihrem Teller landen! Wenn sie etwas nicht mag, dann darf das auch nicht auf ihrem Teller bleiben, sondern muss mindestens in einer Armlänge Entfernung irgendwo auf dem Tisch oder auf einem anderen Teller platziert werden.

Was man sonst noch gut zum Abendbrot essen kann

Neben Brot, Käse, anderem Aufstrich, Avocado, Gurkenscheiben, Bismarckhering und evtl. Schinken mag Polly gerne Mozzarella-Minis, geräucherte Forelle oder Stremellachs und einmal in der Woche gibt es auch ein Spiegelei. Wir haben zudem oft vorgegarte Rote Bete im Vorrat, die selbst kleine Kinder ohne Backenzähne schon gut auf den Kauleisten zerdrücken können. Den erdigen Geschmack muss man mögen, aber gleichzeitig ist Rote Bete schön süß. Auch immer vorrätig haben wir kleine vegetarische Bratwürstchen aus Tofu. Die sind ungemein praktisch, weil sie lange haltbar sind. Außerdem muss man sie nur kurz in die Pfanne hauen und von allen Seiten anbraten – eine prima Alternative zu Rostbratwürstchen. Und wenn uns mal das Brot ausgeht, machen wir eben einen Würstchen-Tomaten-Gurken-Abend.

Pollys Top-5-Rohkost:

- in dünne Scheiben geschnittene Kohlrabi
- Radieschenmäuse
- Paprikastreifen
- dünne Fenchelscheiben
- junge Frühmöhren

Gurkensalat

» Als ich mit Polly meine Eltern besuchte, gab es dort Gurkensalat, so wie ich ihn als Kind gerne mochte. Und Polly fand ihn super. Die Gurkenscheiben müssen sehr dünn geschnitten sein. Meine Mutter salzt die Gurkenscheiben und drückt anschließend das Wasser aus, das mache ich nicht, weil der Salat für meinen Geschmack zu salzig wird. Weil in Omas Gurkensalat Dill war, habe ich das einfach übernommen und Polly akzeptiert den Geschmack. Das zeigt auch, dass es wichtig ist, mit Kindern auch mal woanders bzw. in Gesellschaft von anderen zu essen – da mögen sie oft neue Geschmäcker, die sie sonst zu Hause womöglich ablehnen würden. «

Für Eltern + Kind
5 Min.: 1 Salatgurke • 150 g Vollmilchjoghurt • 2 EL Rapsöl • 2 EL heller Balsamico • 1 EL Zucker • ½ TL Senf • Salz • frisch gemahlener Pfeffer • 1 Stängel frischer Dill

- Die Gurke waschen, schälen und in ganz feine Scheiben hobeln. Joghurt, Rapsöl, Balsamico, Zucker und Senf unterrühren und mit Salz und Pfeffer abschmecken.

- Den Dill waschen, trocken schütteln, die Spitzen abzupfen, klein hacken und unter den Gurkensalat rühren.

Paprika-Walnuss-Creme

(für die Eltern mit Harissa)

» Dieser Brotaufstrich ist für Kinder geeignet, weil er cremig und mild-süßlich ist. Mit frischem Bauernbrot, Fladenbrot oder arabischem Brot schmeckt die Creme einfach super. Wir haben sie früher oft als Vorspeise für Couscous gemacht oder auch für ein Büfett, weil man sie gut vorbereiten kann und sie sich ein paar Tage im Kühlschrank hält. Die Elternvariante wird mit Harissa, einer arabischen Chiliwürzpaste abgeschmeckt, man kann aber genauso gut Chiliflocken oder frische Chili verwenden. Zum Aufbewahren beträufele ich die Paprika-Walnuss-Creme mit Olivenöl, weil sonst die Oberfläche unansehnlich dunkel wird. «

Für Eltern + Kind
10 Min.: 1 große rote Paprikaschote • 4 EL Olivenöl • 300 g Walnusskerne • 1 Knoblauchzehe • 6–8 Scheiben Zwieback • Salz • frisch gemahlener Pfeffer
Für die Eltern: Harissa

- Die Paprika waschen, putzen und halbieren. Die Paprika in Stücke schneiden und zusammen mit dem Olivenöl pürieren. Die Walnüsse, den abgezogenen Knoblauch und den in Stücke gebrochenen Zwieback hinzufügen und alles cremig pürieren.

- Mit wenig Salz und Pfeffer abschmecken. Eine Kinderportion beiseite stellen.

- Für die Eltern erst einmal nur mit etwa 1 TL Harissa pikant abschmecken (je nach Sorte ist Harissa sehr scharf!), evtl. noch mehr zugeben und mit etwas mehr Salz nachwürzen.

Möhren-Apfel-Salat

»Polly hat mit etwa zehn Monaten angefangen, diesen Salat zu essen. Da sie gerne Saures isst und es saftig mag, war sie die ersten Monate total angetan von dieser sehr einfachen, aber leckeren Rohkost. Anfangs bestand sie nur aus fein geriebenen Möhren, Äpfeln, Zitronensaft und etwas kalt gepresstem Raps- oder Walnussöl. Irgendwann haben wir dann mit von dem Salat gegessen, und heute wird er etwas gröber gerieben und ganz normal mit Salz und Pfeffer gewürzt. Ich finde den Salat sehr alltagstauglich, weil Äpfel und Möhren meist vorrätig sind. Man kann anfangs die Süße anpassen, indem man mehr Äpfel verwendet, um dann langsam den Möhrenanteil zu steigern. Übrigens lohnt es sich bei Möhren nicht, Supermarktmöhren zu kaufen, sondern entweder eine Biovariante oder noch besser Bundmöhren vom Markt, weil beide in der Regel süßer sind. «

Für Eltern + Kind

5 Min.: 2 große Möhren • 1 säuerlicher Apfel • Zitronensaft • 1–2 EL Rapsöl oder Walnussöl • Salz • frisch gemahlener Pfeffer

• Die Möhren schälen oder unter fließendem Wasser gründlich abbürsten. Den Apfel waschen, halbieren und das Kerngehäuse herausschneiden. Möhren und Apfel auf der Gemüsereibe je nach Alter des Kindes fein oder etwas gröber reiben und sofort mit wenig Zitronensaft beträufeln.

• Das Öl unterrühren und alles mit Salz und Pfeffer abschmecken.

Cacık – türkischer Gurken-Joghurt

»Cacık wird aus einem besonders stichfesten, fetthaltigen Joghurt gemacht und schmeckt deswegen Kindern besonders gut. Er schmeckt nicht nur zu Brot oder Kartoffeln, sondern auch superlecker zu Ofengemüse (S. 76, 81) und generell zu allem, was im Ofen gebacken wurde. «

Für Eltern + Kind

5 Min.: 1 Salatgurke • 300 g Süzme Yoğurt (Joghurt mit 10 % Fett) • Salz • frisch gemahlener Pfeffer • 1 TL heller Balsamico • 1 kräftige Prise Zucker • 1 Stängel frischer Dill • ½ Knoblauchzehe

• Die Gurke schälen, der Länge nach halbieren und mit einem Teelöffel die Kerne herauskratzen. Die Gurke grob raspeln. Den Joghurt mit den Gurkenraspeln verrühren und mit Salz, Pfeffer, Balsamico und Zucker würzen.

• Den Dill waschen, die Spitzen abzupfen, klein hacken und unterrühren. Knoblauch abziehen, pressen oder fein schneiden und ebenfalls hinzufügen.

Cremiger Selleriesalat mit Trauben und Walnüssen

» Roher Sellerie ist nicht jedermanns Sache, aber einen Versuch ist es wert. Polly mag ihn und das von Anfang an. Natürlich sind die Trauben der Hit und werden zuallererst rausgepickt. Das cremige und süßliche Dressing verbindet sich auf leckerste Weise mit der Rohkost. Eine Zeitlang haben wir anstelle von Joghurt eine Sojajoghurt-Alternative verwendet, weil Polly phasenweise nachts Unmengen Milch trank, da sie sonst durch nichts anderes zu beruhigen war. Ich finde den Salat mit Sojajoghurt fast besser, er ist aber auch mit normalem Joghurt richtig gut. Übrigens: Die Walnüsse lassen sich sehr gut mithilfe einer Parmesan-Kurbelreibe reiben. «

Für Eltern + Kind
10 Min.

500 g Knollensellerie
300 g Vollmilchjoghurt
1 Handvoll blaue kernlose Trauben (alternativ Rosinen)
2 Handvoll Walnusskerne
3 EL Rapsöl
3 EL heller Balsamico
2 TL Zucker oder Honig
1 EL süßer Senf
Salz
frisch gemahlener Pfeffer

- Den Sellerie waschen, schälen und auf der Gemüsereibe fein reiben. Die Sellerieraspel in einer Schüssel mit dem Joghurt verrühren. Die Trauben waschen und halbieren oder vierteln. Die Walnusskerne mit einer Nussreibe oder mithilfe einer Parmesan-Kurbelreibe reiben.

- Rapsöl, Balsamico, Zucker und Senf unter den Selleriesalat rühren und mit Salz und Pfeffer würzen. Die Trauben und die Walnüsse unterheben.

Selleriesalat mit
Trauben & Walnüssen

Türkische Möhren mit Joghurt

Türkische Möhren mit Joghurt

» Die Möhren werden grob geraspelt und nur ganz kurz in Butter angedünstet, sodass sie nachher noch Biss haben. Das Gericht bewegt sich irgendwo zwischen Gemüsegericht und Salat. Die Kombination aus den süßen Möhren und dem säuerlichen Joghurt ist einfach köstlich. Der Buttergeschmack bleibt im Hintergrund, macht die ganze Sache aber schön rund. Mit einem Stück Fladenbrot oder einem frischen Roggenbrot sind die Türkischen Möhren mit Joghurt ein super Abendessen: geht schnell und Gemüse ist auch dabei. «

Für Eltern + Kind
10 Min: 500 g Möhren • 2 EL Butter • Salz • frisch gemahlener Pfeffer • 200–300 g türkischer Joghurt • ½ kleine Knoblauchzehe

• Die Möhren schälen oder unter fließendem Wasser gründlich abbürsten und auf der Gemüsereibe grob raspeln. In einer Pfanne die Butter schmelzen und die Möhren darin 2–3 Min. sanft andünsten. Sie sollen keine Farbe annehmen!

• Die Möhren auf einem flachen Teller verteilen, salzen, mit frisch gemahlenem Pfeffer bestreuen und zuletzt großzügig den Joghurt auf ihnen verteilen. Den Knoblauch abziehen, pressen und auf die Möhren geben.

Kichererbsencreme mit gerösteten Zwiebeln

» Kleine Kinder vertragen Hülsenfrüchte, wie z. B. Linsen, oft nicht sehr gut, da sie noch zu schwer verdaulich sind. Diese Creme aus Kichererbsen (aus der Dose) und angerösteten Zwiebeln hat Polly immer gut vertragen, und sie hat sie regelrecht weggelöffelt. Die Zwiebeln geben der Creme so viel Geschmack, dass sie gar nicht viele Gewürze braucht. Wir essen die Kichererbsencreme mit frischem Fladenbrot und rohem Gemüse: Gurke, Möhre, eben allem, was da ist. «

Für Eltern + Kind
15 Min.: 1 große Dose Kichererbsen (800 g) • 4 große Zwiebeln • Olivenöl • Salz • frisch gemahlener Pfeffer • frisch geriebene Muskatnuss • Paprikapulver

• Die Kichererbsen abgießen, die Flüssigkeit auffangen. Die Zwiebeln abziehen, in Ringe schneiden und in einer Pfanne in reichlich Olivenöl braun anbraten. Kichererbsen hinzufügen, kurz heiß werden lassen und alles anschließend in einem hohen Gefäß sämig pürieren. Ist die Masse zu trocken, etwas aufgefangene Flüssigkeit aus der Kichererbsendose unterrühren.

• Die Kichererbsencreme kräftig mit Salz, Pfeffer und Muskat und Paprika abschmecken.

Brot und Flocken

Das Beste aus Korn

Ich kenne viele Kinder, die gerne Brot essen. Aber viele haben auch Schwierigkeiten zu akzeptieren, dass zu jeder Scheibe Käse auch eine Scheibe Brot gegessen werden soll. So wie Polly. Aber das ist Erziehungssache und soll hier nicht weiter Thema sein. Wir haben immer schon Vollkornbrot gegessen. Gerade wenn die Kinder ihre ersten Stückchen Brot essen, kann man sehen, welche Vorteile ein Vollkornbrot hat: Kleine Kinder sind oft nicht dazu in der Lage, das Brot so gut zu zermalmen, dass sie es schlucken können. Weißbrot, normale Brötchen oder Brezeln werden im Mund schnell zäh und zu einer kompakten Masse, die kleine Kinder kaum schlucken können, weil der Teig wie angeleimt am Gaumen festpappt. Vollkornbrot zerbröselt eher, kann besser gelutscht werden und löst sich nach und nach im Mund auf. Vollkornbrot mit Leinsamen oder Sonnenblumenkernen hat Polly ein ganzes Jahr lang überhaupt nicht leiden mögen. Deswegen haben wir darauf geachtet, dass keine Saaten und auch kein grobes Schrot enthalten ist – auch mit Brotgewürzen wie Anis und Kümmel tut Polly sich schwer.

Brotfavoriten für den Anfang

- Dinkel-Fermentbrot (Bioladen)
- fein gemahlenes Roggenschrotbrot (normaler Bäcker)
- Vollkorn-Laugenbrezeln (Bioladen)
- Knäckebrot

Später dann etwas gröber

- Essener Brot (Bioladen)
- Walnussbrot (Bioladen)
- Dinkel-Grünkern-Vollkornbrot (Hofpfisterei)

Alternativen für Brotverweigerer

Ich glaube, Polly ist manches Essen einfach zu trocken. Aus diesem Grund lässt sie auch Brot links liegen. Ihre Brotabneigung ist zugegebenermaßen manchmal etwas anstrengend. Da fängt dann irgendwann die Ess-Erziehung an. Wenn man richtig Hunger hat, isst man eben auch das Brot zum Käse. Und wenn alles aufgegessen ist, dann gibt es ein neues Käsebrot. Trotzdem haben wir in Phasen, wo sie überhaupt kein Brot essen wollte, schon allein wegen der schlechten Stimmung und weil es zu stressig ist, immer zu verhandeln, abends häufiger eine Kleinigkeit gekocht. Wenn sie dann lieber Gemüse isst oder eine Suppe, dann ist das zwar etwas aufwendiger, aber wir haben auch früher abends schon häufiger warm gegessen. Gleichzeitig haben wir in schlechten Brotzeiten konsequent alles mit Vollkornmehl gebacken: Kuchen und Pfannkuchen, und Salzstangen und Salzbrezeln gab es auch nur in der Vollkorn-Variante. Eine Krippenmutter erzählte mir kürzlich, wie ihr Sohn beim Picknicken im Krippenflur ein Brot mit Lyoner aß. Er saß mit den anderen Picknick-Kindern auf der Decke, hielt sein belegtes Brot mit beiden Händen fest und biss herzhaft hinein. Dann bemerkte er seine Mutter und legte es schnell weg. Zu Hause tut er nämlich immer so, als könne er mit Brot grundsätzlich nichts anfangen.

Ohne Zähne

Wenn die Kinder anfangen, bei den Eltern mitzuessen bzw. wenn der Abendbrei durch Brot ersetzt wird, haben die meisten noch nicht genug Zähne, um harte Rinden kauen zu können, und auch mit zu dicken Stückchen oder Brotscheiben sind viele überfordert. Ich schneide Pollys Brotscheiben ganz dünn und verwende saftige Brotaufstriche: Frischkäse (auch Ziegenfrischkäse), Mandelmus etc. Weil Scheibenkäse immer sofort vom Brot weggegessen wird, bietet sich Streichkäse an. Gute Erfolge haben wir mit Camembert gemacht. Es ist schwieriger, von einem bröseligen Vollkornbrot den Weichkäse abzufummeln – von einer Brezel oder einem Brötchen geht das schon viel besser. Bei Klappstullen mit Camembert aus ganz dünn geschnittenem Vollkornbrot gibt Polly meist auf und isst das Brot einfach mit.

Als Brotbelag schön saftig

- Avocado
- Mandelmus
- Sesammus (Tahin) zusammen mit Apfelkraut
- Quark und Erdbeeren
- Ricotta
- weicher Camembert oder Brie
- Frischkäse (auch würzig von der Ziege)

Flocken

Ich bin ein totaler Haferflockenfan, schon immer gewesen. In meiner Kindheit gab es regelmäßig zum Abendessen eine Haferflocken-Milch-Suppe. Haferflocken enthalten im Verhältnis zu anderen Getreidesorten viel mehr Fett. Und sie sind besonders reich an dem wasserlöslichen Ballaststoff Beta-Glucan. Ich mag Haferflocken, weil ein Haferflocken-Müsli schön sämig ist und pappsatt macht. Die meisten Müslimischungen enthalten oft eine Mischung aus Dinkel, Weizen und Roggen, und ich verstehe gar nicht so recht, warum es so wenige Hafermüslis gibt. Zumal man zwischen Großblatt und Kleinblatt, kernig und zart sogar wählen kann. Auch wenn es den unterschiedlichen Flockenarten nicht immer anzusehen ist – es sind immer Vollkornerzeugnisse. Darüber hinaus wächst Hafer in unseren Breitengraden, wohingegen Hirse viele tausend Kilometer und Amaranth und Quinoa sogar aus den Anden bis zu uns transportiert werden müssen. Übrigens: Kindern unter zwei Jahren besser noch nicht Amaranth und Quinoa anbieten, da beide Sorten Inhaltsstoffe enthalten, mit denen der noch nicht ganz ausgereifte Darm nicht klar kommt (S. 87).

Für Pollys Müsli haben wir anfangs immer die zarten Haferflocken genommen. Und weil sie eine Zeit lang unglaublich viel Milch getrunken hat, haben wir in dieser Phase ihre Haferflocken oft nur mit warmem Wasser angerührt, was hervorragend klappt, weil sich jede Art von Flüssigkeit gut mit den Flocken verbindet. Einen Teelöffel voll Mandelmus hinein und fertig! Für Porridge werden die Haferflocken auch nur in Wasser gekocht. Übrigens: Wenn Kinder kein Fleisch essen, bieten sich sogar Haferflocken ohne Milchprodukte an, da das Kalzium aus den Milchprodukten die Aufnahme von Eisen aus dem Hafer behindert. Vitamin C verbessert hingegen die Eisenaufnahme – wer also sein Kind rein vegetarisch ernähren möchte, rührt die Haferflocken anstatt mit Milch mit ganz normalem Orangensaft an.

Für kleine Kinder, die noch nicht gut kauen können und sich gerade erst an das Elternessen gewöhnen, sind feine Haferflocken prima. Einfach mit Milch, Wasser, O-Saft oder Hafermilch anrühren und verfeinern.

Haferflocken verfeinern mit

- geriebenem Apfel oder Apfelmark (ungezuckert)
- geriebener oder zerdrückter Birne
- weichen Brombeeren
- Banane
- Mandelmus
- Sesammus (Tahin)

Müsli mit Äpfeln, Nüssen und Joghurt

» Dieses Müsli gibt es bei uns ab und zu am Wochenende. Sonntags, wenn kein Brot mehr da ist und sich keiner aufraffen kann, zum Bäcker zu gehen, machen wir eine Riesenschüssel für alle. Polly haut dann immer ordentlich rein. Ich vermute, dass sie es manchmal zu schätzen weiß, wenn sie sich morgens nicht schon zwischen Brot oder Brezel, Marmelade oder Käse entscheiden muss. Jeder bekommt seine Schüssel Müsli und fertig. «

Für Eltern + Kind
5 Min.
1 Handvoll gemischte Nüsse
4 EL feine Haferflocken
4 EL grobe Haferflocken
250 g Joghurt
2 säuerliche Äpfel
2 EL Zitronensaft
1 EL Honig
evtl. etwas Milch
1 Handvoll gemischtes Obst (was gerade da ist: Trauben, Orangen, Banane) oder
1 Handvoll Rosinen

- Die Nüsse in einer Nussreibe oder mithilfe einer Parmesan-Kurbelreibe mahlen. Nüsse in eine Schüssel füllen und die Haferflocken zugeben. Den Joghurt auch hinzufügen. Die Äpfel waschen und grob raspeln, zum Müsli in die Schüssel geben. Zitronensaft, Honig und evtl. etwas Milch zum Verdünnen unterrühren.

- Das Obst waschen, klein schneiden und unter das Müsli mischen.

Welches Obst im Winter? Im Sommer leckeres Obst zu kaufen, ist nicht schwierig. Im Mai geht es los mit den ersten Erdbeeren. Überhaupt Beeren: So köstliche Früchte wachsen in unseren Breitengraden! Polly liebt z. B. Blaubeeren und natürlich Erdbeeren. Letzten Sommer hat sie zum ersten Mal selbst Kirschen, Brombeeren und Johannisbeeren in unserem Garten gepflückt und gleich weggefuttert, was natürlich großartig ist für ein Kind. Dann geht die Melonensaison los, und irgendwann gibt es Pflaumen, und bald schon kommen die ersten frühen Äpfel auf den Markt. Im Sommer kann man aus dem Vollen schöpfen. Im Winter sieht die Sache schon ein bisschen anders aus. Gut, es gibt dann bis März/April Äpfel, nicht ganz so lang heimische Birnen, ab November dann Orangen. Wir essen im Winter mehr Kiwis und Bananen oder auch getrocknete Datteln.
Irgendwann habe ich einmal einen Granatapfel mit nach Hause gebracht. Polly fand es total spannend, den Granatapfel auseinanderzupflücken und Kern für Kern zu essen. Granatapfelkerne sind allerdings noch nichts für ganz kleine Kinder, die sich noch an allem verschlucken!
Was Polly auch gerne isst: Kaki – allerdings nur geschält – und reife, ganz weiche Feigen. Was gar nicht geht: Ananas, was wahrscheinlich daran liegt, dass sie zu sauer sind und die enthaltenen Enzyme die Mundschleimhaut angreifen.

Butterbrot und Stulle

Polly gehört zu den Kindern, die in der Kita ohne zu murren ihre Schnitte wegputzen, aber zu Hause gelangweilt am Abendbrottisch hocken und kein Brot essen mögen. Anfangs hat mich das noch gestresst, doch jetzt wissen wir, dass Pollys Hunger so groß nicht sein kann, wenn sie kein Brot essen möchte.
Da sie Abwechslung liebt, achte ich darauf, nicht zweimal die gleiche Brotsorte hintereinander zu kaufen, und versuche in Form und Art zu variieren. In der einen Woche gibt es ein rundes und danach ein kastenförmiges. Wenn wir nicht zum Einkaufen gekommen sind, gibt es Knäckebrot oder Toast (aus dem Gefrierschrank). In Streifen geschnittene Brotscheiben lassen sich als Brot-Pommes verkaufen, kleine Brotwürfel auf Holzspieße aufstecken. Damit das Brot gut rutscht, muss ordentlich Belag drauf – Quark oder Frischkäse, Früchte oder saftige Avocado. Die Scheiben für Pollys Pausenbrot schneiden wir immer ganz dünn, damit die Klappstulle nicht zu trocken wird und sich gut essen lässt.

mit Camembert
für Käse-Abfummler
mit Butter
und Banane
rutscht gut
mit zerdrückter
Avocado
schön mild
mit Mandelmus
süß und mild
mit Tomaten
und Parmesan
herrlich frisch

Turbo-Essen

Superschnell

Es gibt solche Tage oder Wochenenden, wo viel los ist, das Wetter zu schön, um rechtzeitig vom Schwimmbad nach Hause zu gehen oder man aus sonst einem Grund bedrohlich nah an die Zubettgehzeit kommt. Es muss dann zu Hause schnell gehen, bevor die Laune kippt. Polly mit einem nicht gut gefüllten Bauch Mittagsschlaf machen zu lassen, ist in der Regel keine gute Idee, weil sie dann nicht lang genug schläft, wo ihre Eltern doch dringend eine Pause brauchen. Für den Fall haben wir immer etwas Schnelles im Vorratsschrank oder in der Tiefkühltruhe. Einfrieren lassen sich gut Maultaschen, alle Arten von gefüllten Nudeln und auch frische Gnocchi aus dem Kühlregal, weil diese mitunter auch nicht allzu lang haltbar sind.

Suppen sind prima

Als Polly irgendwann richtig löffeln konnte und mächtig stolz darauf war, aß sie am liebsten Suppe. Nach einer längeren Gemüse-Kartoffel-Suppenphase bzw. Nudelsuppenphase scannte ich den Supermarkt und Bioladen nach alternativen Suppeneinlagen. Wiederentdeckt habe ich Backerbsen und mit ihnen Kindheitserinnerungen an Urlaube in Österreich. Backerbsen motzen jede Brühe auf, werden aber leider recht schnell ranzig. Die Supermarktportionen sind riesengroß, aber im Bioladen gibt es kleine Tüten zu kaufen, die man in einer realistischen Zeit verbrauchen kann. Eine Gemüsebrühe mit Backerbsen ist im Verhältnis von Aufwand zu Beliebtheit nicht zu schlagen. Während der Wasserkocher das Wasser erhitzt, einfach schon mal ein paar Gurkenschnitze, Möhren oder Tomaten als Beilage vorbereiten. Dann das Wasser (am besten nicht kochend heiß werden lassen) in eine Suppenschüssel, Gemüsebrühpulver einrühren und zum Schluss die Backerbsen in die Brühe. Fertig ist das schnellste Mittag- oder Abendessen.

Gnocchi und Gnocchetti

Gnocchi aus dem Kühlregal sind im Gegensatz zu Nudeln in Nullkommanichts gar und eignen sich daher supergut, wenn's mal schnell gehen muss. Für den Übergang von der Breizeit zum ganz normalen Essen gab es bei uns oft Gnocchi oder sogenannte Gnocchetti, die es im Bioladen zu kaufen gibt. Polly mag besonders die kleinen Kürbis-Gnocchetti oder Kürbis-Nockerln. Sie enthalten nichts außer Kartoffeln, Kürbis, Mehl, Salz und Ei und sind rund drei Wochen im Kühlschrank haltbar. Während Blumenkohl oder Brokkoli garen, schmeißt man die Pfanne an, zerlässt etwas Butter und brät die Gnocchetti sanft an. Polly liebt die Kombination mit Erbsen (S. 118) und übt beim Essen gleich noch den Pinzettengriff.

Essen unterwegs

Früher haben wir mindestens einmal in der Woche Essen auswärts geholt, weil wir keine Lust oder Zeit hatten, zu kochen. Das machen wir immer noch gerne. Neben Pizza Magherita eignet sich gut für Kleinkinder: beim Türken sogenannter Su Böreği, „Wasser-Börek", weil er aus Nudelteig hergestellt wird und die einzelnen Nudelschichten in Wasser vorgekocht werden. Gibt es mit Schafskäse, Spinat oder Hackfleisch (Pollys Favorit). Beim Asiaten eignen sich Basmatireis oder gebratener Reis mit Ei.

Fertigprodukte

Wenn's schnell gehen muss

Zusammen mit frischem Gemüse gibt es bei uns regelmäßig Tortellini oder andere **gefüllte frische Pasta** aus dem Kühlregal. Gerade die aus dem Bioladen sind oft erstaunlich lecker, z. B. haben wir eher aus Versehen Ravioli mit frischen Trüffeln gekauft, die zugegeben nicht unbedingt zu Pollys Lieblingsnudeln zählen, aber dafür mögen Erwachsene sie (auch Gäste!) supergerne. Bei dm gibt es Vollkorn-Ravioli und Tortellini, die getrocknet sind und die man monatelang aufbewahren kann.

Auch praktisch: Bio-**Tomatensaucen** im Glas, von denen wir immer eine im Vorrat haben, wenn es wirklich ganz schnell gehen muss.

In einer von Pollys Würstchenphasen haben wir auch häufiger damit begonnen, mal kleine **Wiener-Würstchen** aus Tofu oder Weizeneiweiß (Seitan) zu kaufen. Die Würstchen kann man entweder kurz in die Pfanne hauen oder in heißem Wasser erhitzen. Ich finde sie angebraten besser, weil die Konsistenz eh tendenziell schon zu weich ist, und durch das Kochen werden sie noch labbriger.

Lecker finde ich **Bratlingsmischungen**. Ein einziges Mal habe ich Grünkernbratlinge selbst gemacht, seitdem Polly da ist – nach einem alten fränkischen Rezept, das superlecker ist. Der Aufwand steht aber (mit Kind) in keinem Verhältnis. Grünkern kochen, währenddessen regelmäßig umrühren, ausquellen und abkühlen lassen, mit geschnittenen Zwiebeln, Knoblauch, Gewürzen, geriebenem Käse und Eiern verrühren und anschließend noch in der Pfanne braten. Da geht locker eine gute Stunde nur fürs Kochen drauf. Deswegen gibt es bei uns Bratlingsmischungen der Bohlsener Mühle aus dem Bioladen. Mischung mit kochendem Wasser übergießen, zehn Minuten stehen lassen und anschließend braten.

Der Fertiggerichtklassiker, den sicherlich viele noch aus ihrer Kindheit kennen: Rahmspinat. Polly steht total drauf. Ich mag, ehrlich gesagt, **Rahmspinat** auch gerne. Tiefgefrorener gehackter Spinat ohne Zusätze ist natürlich auch eine Option. In Rahmspinat gehören immer ein bis zwei Esslöffel Haferflocken, so wird er sämig und ist gleichzeitig nicht mehr so salzig. Mit Milch etwas verdünnen.

Vorgegarte **Maiskolben**, die oft in der Nähe des Gemüseregals liegen und vorgegarte **Rote Bete** gehören auch zu unserem Standardsortiment. Rote Bete kann man abends einfach zum Brot essen. Die Maiskolben werden in etwas Butter oder Olivenöl angebraten und gesalzen. Wenn die Kinder genug Zähne haben, ist ein Maiskolben als Abendessen der Knaller.

Ich bin ein großer Freund von **Sojaschnetzeln**. Nicht unbedingt, weil man mit ihnen gut Fleisch ersetzen kann, sondern weil ich sie auf Vorrat kaufen kann, in den Vorratsschrank packe und immer dann benutze, wenn ich eigentlich Fleisch bräuchte und nicht zum Einkaufen komme oder der Metzger schon geschlossen hat. Ich habe festgestellt, dass es große Unterschiede gibt zwischen den Produkten. Da hilft nur Durchprobieren. Die groben Sojaschnetzel von Sobo sind meinem Geschmack nach die besten, weil sie in der Konsistenz echtem Geschnetzelten am nächsten kommen.

Was ich auch im Bioladen kaufe: tiefgekühlten Butter-Blätterteig und aufwendigere Mehlspeisen, beispielsweise **Germknödel** oder **Marillenknödel**, beides in hervorragender Qualität!

Gebratener Halloumi

(für die Eltern mit Minze)

» Halloumi ist ein Käse aus Zypern, den man in der Pfanne braten kann, ohne dass er schmilzt. Es gibt ihn in türkischen Lebensmittelläden zu kaufen und mittlerweile auch unter der Bezeichnung Grillkäse im Supermarkt oder Discounter. Wir haben immer Halloumi im Vorrat für spontane Grillaktionen oder wenn's mal superschnell gehen muss. Zusammen mit ein paar Kirschtomaten oder Gurkenscheiben, etwas Brot oder Resten von Nudeln oder Reis ist Halloumi eine echte Mahlzeit. «

Für Eltern + Kind
5 Min.: 200 g Halloumi
Für die Eltern: frische Minze

- Den Halloumi in ½ cm dünne Scheiben schneiden. Eine beschichtete Pfanne erhitzen und die Käsescheiben hineinlegen. Bei nicht zu großer Hitze auf beiden Seiten hellbraun anbraten, aus der Pfanne nehmen und gleich nach dem Abkühlen essen, weil Halloumi schnell gummiartig wird.

- Für die Elternportion die Minze waschen, die Blättchen abzupfen und auf den Käsescheiben verteilen.

Schupfnudeln mit Pilzen

» Polly liebt Schupfnudeln, weil sie eine gute Größe haben und man sie prima mit den Händen essen kann. Pilze bieten sich in diesem schnellen Gericht an, da sie schnell gar sind und man nur eine Pfanne braucht. Man kann auch noch Schinkenwürfel mitbraten oder klein gewürfelte Zwiebeln. «

Für Eltern + Kind
5 Min.: 2 Handvoll braune kleine Champignons • Olivenöl • 1 Packung Schupfnudeln (400 g) • Salz • frisch gemahlener Pfeffer

- Die Champignons putzen und halbieren. Die Pilze in einer beschichteten Pfanne in wenig Olivenöl anbraten.

- Die Schupfnudeln zugeben und sanft von allen Seiten anbraten. Alles mit Salz und Pfeffer würzen.

Kürbis-Gnocchetti mit Erbsen

» Die Gnocchetti sind wie die Erbsen innerhalb von wenigen Minuten gar. Sie sind weicher und kleiner und nicht so elastisch wie normale Gnocchi. Sie passen auch farblich gut zu den grünen Erbsen. «

Für Eltern + Kind

5 Min.: 2 Handvoll tiefgekühlte Erbsen • 1 Packung Kürbis-Gnocchetti (400 g, Bio-Verde oder Pasta Nuova) • 1 EL Butter • Salz • frisch gemahlener Pfeffer • 1 Handvoll frisch geriebener Parmesan • Olivenöl

- Die Erbsen in kochendem Wasser 3–5 Min. gar kochen. Die Kürbis-Gnocchetti in einer beschichteten Pfanne in der Butter sanft anbraten. Die Erbsen zugeben, unterrühren, mit Salz und frisch gemahlenem Pfeffer würzen.

- Kürbis-Gnocchetti mit Parmesan bestreuen und mit ganz wenig Olivenöl beträufeln.

Gnocchi in Käsesauce

» Gnocchi aus dem Kühlregal brauchen nur zwei oder drei Minuten, um gar zu werden. Währenddessen kann man die Sauce kochen. Zusammen mit ein paar Gurkenscheiben oder in Streifen geschnittenem Gemüse (Paprika, Möhre etc.) sind die Gnocchi in Käsesauce eine schnelle und leckere Mahlzeit. «

Für Eltern + Kind

5 Min.: 1 Packung Gnocchi aus dem Kühlregal • Salz • 200 ml Milch • 1–2 Handvoll frisch geriebener Parmesan • 1 Scheibe Parmaschinken • frisch gemahlener Pfeffer

- Die Gnocchi nach Packungsanweisung in reichlich Salzwasser garen. Die Milch in einem Topf aufkochen, von der Herdplatte nehmen und den Parmesan mit einem Schneebesen einrühren. Den Schinken in Streifen schneiden und zugeben. Mit Pfeffer abschmecken und, wenn überhaupt, nur sparsam salzen.

- Die Gnocchi in einem Sieb abtropfen lassen und mit der Sauce vermischen.

Kürbis-Gnocchetti mit Erbsen

Maultaschen

» Wir haben das Glück, in einer Region zu leben, wo es Maultaschen beim Metzger zu kaufen gibt, frisch und selbst gemacht. Aber auch Maultaschen (Bio oder nicht) aus dem Supermarktkühlregal sind passabel und vor allem superpraktisch. Wir haben immer welche im Tiefkühlschrank, weil sie sich problemlos einfrieren lassen. Maultaschen schmecken in Streifen geschnitten und sanft angebraten am besten. In der schwäbischen Küche kommt noch verquirltes Ei in die Pfanne (warum, weiß ich auch nicht!). Zusammen mit ein paar Kirschtomaten, Gurkenscheiben oder einem Möhren-Apfel-Salat (S. 103) sind Maultaschen eine schnelle und passable Mahlzeit, wie ich finde. «

Für Eltern + Kind
5 Min.: 3–4 Maultaschen • Rapsöl (nicht kalt gepresst)

- Die Maultaschen in nicht zu dünne Streifen schneiden und in einer beschichteten Pfanne in sehr wenig Rapsöl von allen Seiten sanft anbraten. Weil sie schon vorgebrüht sind, muss man nicht darauf achten, dass sie durchbraten.

Einfache Kartoffelcremesuppe

» Aus Kartoffeln und Gemüsebrühe lässt sich im Nu eine lecker-sämige Suppe machen. Gegen Kartoffeln spricht bei uns oft ihre lange Garzeit, aber für diese Suppe, die ohnehin püriert wird, werden die Kartoffeln klein geschnitten und brauchen dementsprechend nur ein paar Minuten, um gar zu werden. Die Zwiebel kann man auch weglassen und ansonsten passen auch andere Gemüsesorten hinein: Fenchel, Möhren oder Lauch. Auch prima: einen Teelöffel geriebenen Parmesan oder Pecorino pro Portion einrühren. Die Suppe eignet sich gut zum Wiedereinstieg nach einer Magen-Darm-Erkrankung (ohne Zwiebeln). Sie ist leicht verdaulich und belastet den schlappen Bauch nicht. «

Für Eltern + Kind
5 Min. + 5 Min. Garzeit: 1 Zwiebel • Rapsöl (nicht kalt gepresst) • 500 g Kartoffeln • 500 ml leichte Gemüsebrühe • Salz • frisch gemahlener Pfeffer

- Die Zwiebel abziehen, fein würfeln und im Rapsöl andünsten. Die Kartoffeln schälen, waschen und klein schneiden.

- Kartoffeln und Gemüsebrühe zu den Zwiebeln in den Topf geben und so lange kochen, bis die Kartoffeln gar sind.

- Die Suppe pürieren und mit Salz und Pfeffer abschmecken.

Grüne Erbsensuppe

(für die Eltern mit frischer Minze)

» Die Suppe hat eine tolle Farbe und da Polly Erbsen liebt, findet sie auch diese Suppe prima. Kinder, die noch sehr an ihren Breien hängen, könnten sich an kleinen Erbsenschalen stören, die man leider durch Pürieren auch nicht ganz klein bekommt. Die Suppe durch ein feines Sieb streichen hilft. Wir hatten die Suppe auch schon in unserem Repertoire, bevor Polly da war und oft noch für jeden ein Stück Lachs in die Pfanne gehauen, solange die Suppe gekocht hat. Alle Zutaten hierfür sind aus der Tiefkühltruhe und alles ist im Handumdrehen fertig, wenn man Lust auf etwas Warmes hat und der Kühlschrank eigentlich schon leer gegessen ist. «

Für Eltern + Kind

5 Min. + 5 Min. Garzeit

1 Zwiebel
Olivenöl
500 g tiefgekühlte Erbsen
400–500 ml leichte Gemüsebrühe
Salz
frisch gemahlener Pfeffer

Für die Eltern:

1 kleine Handvoll frische Minze

- Die Zwiebel abziehen, fein würfeln und im Olivenöl andünsten. Die Erbsen dazugeben und mit der Gemüsebrühe auffüllen. So lange kochen lassen, bis die Erbsen gar sind. Einen Teil der Brühe vor dem Pürieren herausnehmen und dann alles mit einem Pürierstab pürieren. Kräftig mit Salz und Pfeffer abschmecken und mit der Brühe auf die gewünschte Konsistenz verlängern.

- Die Minze waschen, hacken und in die Elternportion einrühren.

Snacks für den kleinen Hunger. Polly mag – natürlich wie wahrscheinlich 99 Prozent aller Kinder – Laugenbrezeln. Im Bioladen gibt es auch Brezeln aus Vollkorn und mit Sesam statt Salz. Ebenfalls aus Vollkorn haben die meisten Bioläden und mittlerweile auch Supermärkte Knabber-Laugengebäck, wie z. B. Mini-Brezeln oder Sesamstangen im Sortiment. Wenn wir schwimmen gehen, muss immer genug Proviant in der Badetasche sein. Beliebt sind ungesalzene Cashewkerne oder auch getrocknete Früchte: Apfelchips oder Mango. Bei längeren Bahnfahrten oder Autofahrten mit Polly hat es sich bewährt, etwas Außergewöhnliches zu essen mitzunehmen, das es nicht jeden Tag gibt und mit dessen Hilfe man Langeweile überbrücken kann. Auf unserer letzten Zugfahrt gab es z. B. für jedes Kind im Bordbistro ein Fruchtmus im Beutel samt Drehverschluss. Nachdem Polly die Portionen der anderen Kinder, die ihre Fruchtbeutel nicht mochten, aufgegessen hatte, waren wir schon fast am Ziel angekommen. Fruchtriegel aus dem Bioladen oder von dm zählen für mich schon eher zu den Süßigkeiten. Ab und zu kaufen wir mal einen Mandelriegel. Und Achtung: Spezielle Kinder-Fruchtriegel, die meist im Drogeriemarkt gleich beim Milchpulver und den Baby-Getreideflocken liegen, enthalten oft auch zugesetzte Vitamine, Mineralstoffe und Spurenelemente, wie z. B. Eisen, Folsäure, Vitamin B_{12} oder Kalzium. Diese Riegel tragen den Hinweis: ab 1 Jahr. Doch Kinder brauchen solche Kinderlebensmittel nicht. Auch Kinderkekse mit Kalzium und jeder Menge Vitamine sind Quatsch. Kinder decken ihren Nährstoffbedarf problemlos mit Gemüse, Obst, Milchprodukten, Getreide, Pflanzenölen, Fleisch und Fisch. Auch Verweigerer, die phasenweise nur Nudeln ohne alles essen!

Kuchen, Muffins und Waffeln

Lecker süß

Zu ihrem ersten Geburtstag hat Polly zum ersten Mal Kuchen gegessen, und er hat ihr ziemlich gut geschmeckt (S. 124). Ich habe ihn anstatt mit Zucker mit Honig gebacken, weil der Honig schon einen recht starken Eigengeschmack hat und man so weniger braucht. Irgendwann lassen sich Kinder nicht mehr mit Reiswaffeln abspeisen, wenn alle anderen am Tisch Kuchen bekommen. Am Wochenende gibt es bei uns häufig Kuchen oder Waffeln und darauf zu verzichten, nur weil Polly nichts davon essen soll, kam nicht infrage. Seit Polly mitisst, gibt es aber, wenn wir Waffeln backen oder etwas anderes Süßes am Nachmittag essen, auch immer einen Teller mit geschnippeltem Obst, von dem sich aber nicht nur Polly bedient. Und es ist interessant: Sie nimmt einen Haps Kuchen, Muffin oder Waffel und isst danach eine Kiwischeibe, ein Stück Mandarine oder Apfel. So, als bräuchte sie nach dem Süßen auch etwas Saures zum Neutralisieren.

Süßes genießen

Was ganz blöd ist: Das Kind während des Essens ständig daran zu erinnern, dass es etwas „Ungesundes" oder nicht so Tolles isst. Entweder genießen alle zusammen ohne schlechtes Gewissen diesen leckeren Kuchen oder eben nicht. Für jeden gibt es ein Stück (für die Eltern vielleicht ein größeres) und wer danach noch Appetit hat, soll Obst essen. Deswegen wird auch der Kuchen entweder gar nicht erst auf den Tisch gestellt oder bald wieder weggepackt. Wenn Süßkram den ganzen Nachmittag auf dem Esstisch steht, Kinder aber nichts mehr von ihm haben dürfen, ist das ein Stress, den man gut vermeiden kann, indem man es schnell außer Sichtweite parkt.

Kuchen und Teilchen vom Bäcker

Grundsätzlich zahlen wir lieber etwas mehr für Kuchen und Co. und kaufen dafür seltener welchen ein. In der Großstadt haben wir da natürlich viele Möglichkeiten: Kuchen und Teilchen im Bioladen sind beispielsweise oft aus Vollkornmehl gebacken und selten dick mit klebrigem Zuckerguss überzogen. Trockene Rosinenschnecken, die vor Zuckerguss nur so triefen, braucht kein Mensch, finde ich. Als Polly noch klein war, haben wir einfach oft einen Hefezopf mit Rosinen genommen oder auch Rosinenbrötchen. Polly liebt darüber hinaus Mohn in allen Variationen. Deswegen gibt es ab und zu eine Mohnschnecke von unserem Lieblingsbäcker. Sie sind nicht zu süß, sie sind immer hefig-fluffig-frisch und werden dicht an dicht auf einem Blech gebacken – eine böhmische Oma könnte es nicht besser. Polly mag auch Käsekuchen, jede Art von Krapfen und das Kinderteilchen schlechthin: Amerikaner. In der italienischen Kaffeebar bei uns gegenüber darf sie sich ab und zu ein italienisches Dolci aussuchen – meist ein mit Aprikosenmarmelade gefülltes Mürbteigplätzchen. Polly isst an diesem kleinen Ding mindestens zehn Minuten, beißt klitzekleine Stückchen ab, leckt an der Füllung und legt es zwischendurch immer wieder ganz stolz auf ihre Serviette.

In unserem letzten Urlaub in Süditalien haben wir jeden Tag etwas Süßes gegessen, manchmal sogar schon zum Frühstück: Polly war ganz verrückt nach Sfogliatelle, einer Spezialität aus Neapel, außen knusprig, innen mit Ricottafüllung. Ob sie zu Hause wieder ihre Haferflocken isst, habe ich mich gefragt. Es war zum Glück überhaupt kein Problem!

Kuchen zum ersten Geburtstag

Für 1 Kuchen

10 Min. + 45 Min. Garzeit

1 unbehandelte Zitrone
250 g Möhren
1 TL frisch geriebener Ingwer
6 Eier
1 Prise Salz
200 g ungeschälte gemahlene Mandeln
120 g Honig
50 g feine Haferflocken
½ TL Weinstein-Backpulver
Butter für die Form

» Als Polly ein Jahr alt wurde, wollte ich ihr gerne einen Geburtstagskuchen backen und habe dann mein Rüblitorten-Rezept entsprechend abgewandelt. Normalerweise gehören 250 Gramm Zucker und ein Zuckerguss auf den Kuchen. Mit etwa halb so viel Honig funktioniert er auch. Man kann aus dem gleichen Teig auch Muffins backen, sie brauchen nur etwa halb so lange im Backofen, um gar zu werden. Ich backe den Kuchen immer in einer quadratischen Backform, weil so die Oberfläche schön glatt wird und man den Kuchen noch leichter dekorieren kann, beispielsweise mit Marzipanmöhrchen. Übrigens: Der Kuchen schmeckt am nächsten Tag, wenn er gut durchgezogen ist, besser als frisch aus dem Ofen. «

- Den Backofen auf 175 Grad (Ober-/Unterhitze) vorheizen. Die Zitrone heiß abwaschen, die Schale abreiben und anschließend den Saft auspressen. Die Möhren schälen oder unter fließendem Wasser gründlich abbürsten und fein reiben. Die Möhrenraspel sofort mit 2 EL Zitronensaft beträufeln. Die Möhren mit dem Zitronenabrieb und dem frisch geriebenen Ingwer vermischen.

- Die Eier trennen und das Eiweiß mit dem Salz zu festem Schnee schlagen. Die Eigelbe mit den Mandeln, dem Honig, den Haferflocken und dem Backpulver unter die Möhren rühren. Den Eischnee unterheben.

- Eine Kastenform buttern. Den Teig einfüllen und im vorgeheizten Ofen auf der mittleren Schiene 45–50 Min. backen. Mit einem Holzstäbchen hineinstechen – wenn kein flüssiger Teig mehr daran kleben bleibt, ist der Kuchen fertig. Tendenziell den Kuchen eher etwas zu kurz als zu lang backen!

Kuchen zum ersten Geburtstag

1. Stufe: Bananen-Waffeln für Beginners

»Diese saftigen Waffeln sind für kleine Kinder (und auch für größere) genau richtig, weil sie nur die Süße aus frischen Früchten gewohnt sind. Und wir Erwachsenen haben die Bananen-Waffeln auch immer gerne gegessen – man kann es sich kaum vorstellen, aber die Süße der Bananen reicht vollkommen aus! Die Waffeln gehen schön auf, sind supersaftig und einfach lecker. Achtung: Für die Waffeln unbedingt feine Haferflocken verwenden, weil sich Großblatt-Flocken überhaupt nicht fein pürieren lassen (zumindest nicht mit meinem Pürierstab). «

Für Eltern + Kind
10 Min.
2 reife Bananen
100 g Butter
3 Eier
1 Prise Salz
200 g feine Haferflocken
2 TL Weinstein-Backpulver

- Die Bananen schälen und in einem hohen Gefäß mit dem Pürierstab fein pürieren. Die Butter schmelzen und leicht abkühlen lassen. Die Eier trennen. Das Eiweiß mit dem Salz zu festem Schnee schlagen. Die Eigelbe zu den Bananen geben, dann die Butter unterrühren.

- Die Haferflocken mit dem Backpulver zu der Bananen-Butter-Ei-Masse geben, mit dem Pürierstab alles so glatt es geht pürieren. Den Eischnee unterheben und aus dem Teig dicke Waffeln backen.

Alle Kinder lieben Waffeln. Kleine Kinder, die ihren Süßhunger noch über Obst stillen, sind genauso zufrieden mit weniger süßen Kuchen, Teilchen und Waffeln. Ich wollte jedenfalls nicht, dass die gerade mal einjährige Polly eins mit der Zuckerkeule übergebraten bekommt. Bei kleinen Kindern wird die Schwelle für die Geschmacksrichtung „Süß" von den Eltern gelenkt. Wenn sie nichts süßeres gewohnt sind als beispielsweise die Süße der Bananen-Waffeln, dann werden sie diese Waffeln genauso gerne essen wie andere Kinder „normal" süße Waffeln. Die Bananen-Waffeln gab es bei uns ab und zu nach Pollys erstem Geburtstag. Und auch die Vollkorn-Waffeln sind nicht so süß wie andere, denn sie werden mit Honig gesüßt, von dem man nicht so viel benötigt wie von Zucker, weil er einen recht starken Eigengeschmack hat.

Übrigens: Gerade dicke, eckige Waffeln lassen sich problemlos einfrieren. Wenn Waffeln übrigbleiben, einfach in Lagen von Butterbrot- oder Backpapier einfrieren und dann zum Aufbacken in den Toaster stecken. Wir machen auch oft gleich die doppelte Menge Waffelteig und frieren dann den Rest ein – in einen Gefrierbeutel gefüllt. Diesen lege ich zum Auftauen in warmes Wasser, schneide eine Ecke ab und drücke durch die Öffnung den Teig direkt aufs Waffeleisen.

2. Stufe: Vollkorn-Waffeln

» Ich mag den nussigen Geschmack von Vollkorngebäck und Kindern fällt er in der Regel gar nicht auf. Weil Polly eine Zeit lang praktisch kein Brot gegessen hat, haben wir alles andere komplett auf Vollkorn umgestellt. Da gab es auch nur noch Salzstangen und kleine Salzbrezeln aus Vollkorn und gebacken wurde auch nur mit Weizen- oder Dinkelvollkornmehl. Im Bioladen kann man gemahlene Mandeln kaufen, die zuvor geröstet wurden – diese verwende ich für die Waffeln. «

Für Eltern + Kind
⏲ 10 Min.: 3 Eier • 1 Prise Salz • 200 g Weizen- oder Dinkelvollkornmehl • 50 g gemahlene Mandeln • ½ Päckchen Weinstein-Backpulver • 100 g weiche Butter • 80 g Honig • 1 Päckchen Bourbon-Vanillezucker • 125 ml Milch

- Die Eier trennen und das Eiweiß mit dem Salz zu festem Schnee schlagen. Das Mehl mit den Mandeln und dem Backpulver mischen. Die Butter mit dem Honig, dem Vanillezucker und dem Eigelb verrühren.

- Die Mehl-Mandel-Mischung zusammen mit der Milch unter die Ei-Butter-Mischung rühren. Zuletzt den Eischnee unterheben und aus dem Teig dicke Waffeln backen.

3. Stufe: Die besten Waffeln für Gäste

» Am besten schmecken die Waffeln aus einem eckigen Waffeleisen, das eher dicke und saftige Waffeln bäckt. Bei uns gibt es zu Waffeln Apfelmus (bzw. Apfelmark ohne zugesetzten Zucker) oder einen großen Obstteller. Besonders gut zu den relativ süßen Waffeln schmecken Schnitze aus säuerlichen Äpfeln oder Kiwischeiben. «

Für Eltern + Kind
⏲ 10 Min.: 3 Eier • 1 Prise Salz • ½ Vanilleschote oder 1 Msp. Vanillepulver • 125 g weiche Butter • 100 g Zucker • 250 g Weizen- oder Dinkelmehl Type 1050 • ½ Päckchen Weinstein-Backpulver • 125 ml Milch

- Die Eier trennen und das Eiweiß mit dem Salz zu festem Schnee schlagen. Die Vanilleschote der Länge nach aufschneiden und das Mark herauskratzen. Vanillemark bzw. Vanillepulver, Eigelb, Butter und Zucker verrühren.

- Das Mehl mit dem Backpulver mischen und zusammen mit der Milch unter die Ei-Butter-Mischung rühren. Den Eischnee unterheben. Aus dem Teig dicke Waffeln backen und zu Apfelmus oder geschnittenem Obst essen.

Rhabarberkuchen mit Schmandguss

Blaubeermuffins

» Die Blaubeermuffins sind der Knaller, weil sie so schön frisch schmecken – durch die Zitronenschale und den Orangensaft. Wenn gerade keine Blaubeersaison ist, nehme ich tiefgekühlte (die aus dem Glas sind zu süß – die Säure tut den Muffins aber gut). Die Muffins lassen sich problemlos einfrieren. Wir backen oft eine doppelte Portion und frieren den Rest ein. Sie müssen etwa eine Stunde bei Zimmertemperatur auftauen. «

Für 12 Muffins
10 Min. + 30 Min. Backzeit: 1 Ei • 6 EL Rapsöl (nicht kalt gepresst) • 250 ml Orangensaft • 80 g Honig • ½ Vanilleschote oder 1 Msp. Vanillepulver • abgeriebene Schale von 1 unbehandelten Zitrone • 125 g Blaubeeren • 250 g Weizen- oder Dinkelmehl Type 1050 • 1 Prise Salz • 2 TL Weinstein-Backpulver • ½ TL Natron

- Den Backofen auf 180 Grad (Ober-/Unterhitze) vorheizen. Ein Muffinblech mit Papierförmchen auslegen. Zuerst die feuchten Zutaten verrühren: Ei, Rapsöl, Orangensaft und Honig. Die Vanilleschote der Länge nach aufschneiden, das Mark herauskratzen und unterrühren bzw. Vanillepulver unterrühren. Zitronenabrieb ebenfalls zugeben.

- Die Blaubeeren waschen, verlesen und abtropfen lassen. Mehl, Salz, Backpulver und Natron mischen und auf einmal zu den flüssigen Zutaten geben. Nur so lange rühren, bis die Zutaten sich einigermaßen miteinander verbunden haben.

- Die Blaubeeren unterheben und den Teig maximal zwei Drittel hoch in die Muffinformen füllen. Im vorgeheizten Backofen auf der mittleren Schiene 30 Min. backen.

Rhabarberkuchen mit Schmandguss

» Der Rhabarberkuchen wird mit Vollkornmehl gebacken, schmeckt schön nussig und der Rhabarber macht den Kuchen supersaftig. Weil Rhabarber relativ viel Säure enthält, darf der Kuchen nicht sparen mit Süße. «

Für 1 Kuchen (kleine Springform)
10 Min. + 35 Min. Backzeit: 500 g Rhabarber • 3 Eier • 1 Prise Salz • 125 g weiche Butter und etwas für die Form • 100 g Honig • 200 g Weizen- oder Dinkelvollkornmehl • 1 TL Weinstein-Backpulver • 50 g gemahlene Mandeln • Butter für die Form
Für den Guss: 2 Eier • 200 g Crème fraîche • 50 g Honig • 1 Msp. Vanillepulver

- Den Backofen auf 175 Grad (Ober-/Unterhitze) vorheizen. Den Rhabarber waschen, putzen und in 2 cm lange Stücke schneiden. Die Eier für den Teig trennen und das Eiweiß mit dem Salz zu festem Schnee schlagen. Die Butter mit dem Honig und dem Eigelb cremig rühren. Das Mehl mit dem Backpulver und den Mandeln mischen und unter den Teig rühren. Zuletzt den Eischnee unterheben.

- Eine Springform ausbuttern. Den Teig einfüllen und die Rhabarberstückchen leicht hineindrücken. Den Kuchen 15 Min. im vorgeheizten Backofen vorbacken.

- Für den Guss die Eier trennen und das Eiweiß zu festem Schnee schlagen. Eigelb und Crème fraîche mit dem Honig glatt rühren. Vanillepulver zugeben. Den Eischnee unterheben und den Guss auf den Kuchen gießen. Den Kuchen weitere 20 Min. im Backofen backen.

Der beste Marmorkuchen

» Ich kann nicht sonderlich gut backen, dachte ich viele Jahre lang. Im Nachhinein betrachtet liegt dies daran, dass im Backlehrbuch meiner Mutter von 1958 das Verhältnis von Eiern zu Butter und Mehl nie gestimmt hat. Meine Güte, waren das trockene Kuchen! Dieser hier ist jedenfalls unglaublich saftig. «

Für 1 Kuchen
10 Min. + 50 Min. Backzeit: 250 g weiche Butter und etwas für die Form • 6 Eier • 200 g Zucker • 1 Vanilleschote oder 1 Msp. Vanillepulver • 350 g Weizen- oder Dinkelmehl Type 1050 • 1 Päckchen Weinstein-Backpulver
Zusätzlich für den dunklen Teig: 2 EL Kakao • 1 EL Zucker • 4 EL Milch

- Butter und Eier schaumig rühren, den Zucker einrieseln lassen. Die Vanilleschote der Länge nach aufschneiden, das Mark herauskratzen und unterrühren. Mehl mit dem Backpulver mischen und löffelweise hinzufügen. Den Backofen auf 170 Grad vorheizen (keine Umluft, niemals Umluft bei Rührkuchen!).

- Eine Form buttern. Die Hälfte des Teigs hineinfüllen. Den restlichen Teig mit dem Kakao, dem Zucker und der Milch verrühren. Den dunklen Teig auf dem hellen Teig verteilen, dann mit einer Gabel einmal durch den Teig fahren.

- Den Kuchen auf der mittleren Schiene 1 Stunde backen. Nach 50 Min. einmal mit einem Holzspieß hineinstechen. Bleibt kein Teig dran kleben, ist der Kuchen fertig. Lieber etwas zu früh als zu spät aus dem Ofen nehmen!

Opas Apfelkuchen

» Backen ist in Markus' Familie schon immer Männersache, und Pollys Opa backt den weltbesten Apfelkuchen, der sich unspektakulär anhört, aber immer fantastisch schmeckt. Er schmeckt an Tag 1 buttrig-keksig und entwickelt sich an den darauffolgenden Tagen zu einem saftig-würzigen und gut durchgezogenen Apfelkuchen – köstlich! Man kann ihn problemlos drei, vier Tage aufheben. «

Für 1 Blech
20 Min. + 1 Stunde Backzeit: 100 g Zucker • 300 g Weizen- oder Dinkelmehl Type 1050 • 200 g kalte Butter und etwas für die Form • 1 Ei • 2 kg gemischte saure Äpfel
Für die Streusel: 200 g Butter • 350 g Weizen- oder Dinkelmehl Type 1050 • 150 g Puderzucker • 1 Prise Salz • 1 Eigelb

- Für den Mürbeteig Zucker und Mehl mischen. Die Butter in kleine Stücke schneiden und mit dem Ei zugeben. Alles rasch zu einem geschmeidigen Teig verkneten, die Teigkugel in Frischhaltefolie wickeln und 30 Min. kühl stellen. Die Äpfel schälen und mit einem Apfelzerteiler achteln.

- Den Backofen auf 200 Grad (Ober-/Unterhitze) vorheizen. Für die Streusel die Butter zerlassen. Mehl, Puderzucker und Salz in eine Schüssel geben und vermischen. Die flüssige, aber nicht heiße Butter zugeben, einmal umrühren und dann das Eigelb hinzufügen. Den Teig mit den Händen zu Streuseln zerkrümeln.

- Den Mürbeteig ausrollen und ein ausgebuttertes, tiefes Blech damit auslegen. Die Äpfel darauf verteilen. Die Streusel darübergeben und den Kuchen 50 Min. bis 1 Stunde im Backofen backen.

Süßigkeiten

Maß halten

Ich halte nichts von der Theorie, dass Kinder, denen man lange Süßigkeiten vorenthält, einen ganz besonderen Heißhunger auf Süßes entwickeln. Gerade beim ersten Kind hat man die besten Chancen, den ganzen Süßkram so spät es geht einzuführen. Wenn ein drei- oder vierjähriges Geschwisterkind jeden Tag seine Ration Weingummi oder Schokolade einfordert, sieht die Sache allerdings anders aus. Wir kaufen für unsere elterlichen Gelüste gezielt Süßes, wenn wir akuten Süßhunger haben. Generell finden wir es schwierig, mit einem großen Vorrat an Süßigkeiten zu leben, weil die Verlockung einfach zu groß ist, und prinzipiell versuchen wir, in Pollys Anwesenheit nichts Süßes zu essen, sondern machen das abends, wenn sie im Bett ist. Manchmal muss ich aber Schokolade zum Nachmittagskaffee haben, und natürlich kriegt Polly dann auch etwas ab. Auch wenn wir mit anderen, vielleicht größeren Kindern zusammen sind, und diese Süßigkeiten essen, gibt es Süßes für alle.

Polly stillt ihren Süßhunger bislang größtenteils über Obst, das sie in großen Mengen verspeist. Sie hat noch nie nach Süßigkeiten gefragt, auch dann nicht, wenn wir am Tag zuvor welche gegessen haben. Solange das klappt, finde ich es einfach prima, habe weder das Gefühl, Polly etwas vorzuenthalten noch den Eindruck, man müsste an diesem Zustand etwas ändern. Bei den Großeltern bekommt Polly natürlich Süßigkeiten, lustigerweise Salbeibonbons, auf die sie ganz scharf ist. Aber das ist auch in Ordnung, Omas und Opas dürfen ruhig verwöhnen, solange alles im Rahmen ist. Und: Im Sommer essen wir Eis. Polly bekommt dann eine Kinderkugel: entweder möchte sie Erdbirne (Erdbeere) oder Gogog (Joghurt).

Bei Kuchen und Teilchen sind wir nicht so streng bzw. essen am Wochenende regelmäßig Kuchen oder backen Waffeln, und wenn es geht aus Vollkorn.

Wir Eltern müssen aufpassen

Grundsätzlich streben wir für die Zukunft folgenden Zustand an: Süßes gibt es einmal pro Tag und nie in unübersichtlichen Mengen. Süßigkeiten sind nicht frei zugänglich und werden nicht nebenher gefuttert. Mal sehen, ob wir das so hinkriegen. Die große Kunst besteht darin, Süßigkeiten nicht als Trost, Belohnung oder Lückenfüller einzusetzen. Bestenfalls gibt es Süßigkeiten ritualisiert, einmal am Tag zu einer bestimmten Tageszeit. Ein Ritual macht auch deswegen Sinn, weil dann zwischendurch nicht gequengelt wird.

Rationiert werden Süßigkeiten immer, weil zu viel Süßes den Appetit auf die nächste Mahlzeit verdirbt. Das gilt sowohl bei normalgewichtigen Kindern als auch bei Untergewichtigen, die ohnehin zu wenig von allem zu sich nehmen und ihren Kalorienbedarf erst recht nicht über hohle Lebensmittel decken sollten. Dass das Kind zu dünn ist, ist daher keine Entschuldigung dafür, dass es ohne Ende Süßigkeiten essen darf.

Mengen-
orientierung

Wie viel wovon?

Die strenge Breizeit ist vorbei

Unser Buch orientiert sich grundsätzlich an den Empfehlungen der Fachgesellschaften. Viele Gemüserezepte, viele Nudel-, Reis-, Kartoffel- und Getreiderezepte, eher wenige Gerichte mit Fleisch, Fisch und Eiern.

Generell muss man sagen, dass es ab etwa einem Jahr nicht notwendig ist, alle Lebensmittelgruppen jeden Tag optimal abzudecken. Die strenge Breizeit ist vorbei! Wenn die Woche in etwa stimmt – und auch hier gibt es gute und schlechte Wochen – ist das vollkommen ausreichend. Selbst mit einer Oecotrophologen-Mutter im Haushalt kriegen wir es nicht immer hin, aber die Tendenz stimmt, und das ist die Hauptsache. Man muss auch ehrlich mit sich selbst sein: Auch wir haben Phasen, in denen wir am liebsten Döner essen und einen großen Bogen um die Salattheke machen. Unser Körper sagt uns schon ganz gut, was er gerade braucht. Und manchmal braucht er eben Fett, z. B. im Herbst und Winter, wenn wir Lust auf Nüsse und üppige Schmorgerichte haben.

Wie viel Kinder wovon essen sollen und müssen, über diese Frage denken Familien beim ersten Kind noch viel nach und bei allen darauffolgenden Kindern nicht mehr so intensiv, weil Eltern nun wissen, dass Kinder mal viel und mal wenig essen und trotzdem überleben. Und dass es vor allem darauf ankommt, was man ihnen vorlebt. Einer Sache sollte man sich immer bewusst sein: Wenn ich als Erwachsener ein wählerischer Esser bin, am liebsten immer das gleiche esse oder viele Gemüsesorten nicht mag, wird mein Kind höchstwahrscheinlich dieses Verhalten kopieren.

Mit Wenigessern umgehen

Wenn ich manchmal von Eltern höre: Mein Kind isst nur Lyoner oder Babybel, frage ich mich: Wer kauft denn bei Euch ein? Wer legt denn die Bärchenwurst in die Aufschnittdose? Ihr tut ja gerade so, als würde Euer Kühlschrank nachts von einem Unbekannten gefüllt! Unsere Kinder können nur das essen, was wir einkaufen.

Grundsätzlich gewähren Eltern einem Kind, das immerzu mit wenig Appetit am Tisch sitzt und womöglich zum Untergewicht neigt, eher mal eine Ausnahme. Doch manche Eltern sind so froh, dass sie überhaupt irgendwas in das Kind hineinkriegen, dass ihnen letztendlich vollkommen egal ist, was das Kind isst. Und da fängt's an, riskant zu werden, finde ich. Man muss sich in solchen Situationen immer vergegenwärtigen: Wir leben in einer Überflussgesellschaft, kein Kind verhungert freiwillig am gedeckten Tisch. Warum vertraue ich nicht auf die Bedürfnisse meines Kindes? Oder andersherum – welche meiner Bedürfnisse werden befriedigt, wenn mein Kind isst? Umsorgen und Liebe äußern klappt auch und eigentlich viel besser beim Schmusen oder gemeinsamen Spielen. Je weniger sich die Eltern am Esstisch sorgen und je seltener wegen des Essens die Stimmung kippt, desto klarer wird auch ein Kind seine eigenen Bedürfnisse erkennen können.

Man darf auch nicht vergessen: Die Perzentilen für den BMI von Kindern sind eine relative Größe. Die sogenannten Perzentilkurven (Perzentile = Hundertstelwerte) befinden sich im hinteren Teil der gelben Kinder-Untersuchungshefte. Würde man heutzutage die Perzentile der 1960er-Jahre ansetzen, wären viel mehr Kinder übergewichtig und gleichzeitig weniger Kinder untergewichtig.

Auch die WHO setzt niedrigere Werte an als die deutschen Fachgesellschaften. Also, locker bleiben, wenn sich Kinder mit ihren Werten im unteren Bereich der Kurve befinden. Der Verlauf der Kurve ist auch viel wichtiger als ihr Ist-Zustand. An der Gewichts- und Größenentwicklung kann der Kinderarzt nämlich sehen, ob das Wachstum eines Kindes stagniert oder sprunghaft verläuft.

Mit Vielessern umgehen

Vielessern oder Kindern mit einem gesunden Appetit macht man bei jeder Mahlzeit gesunde Angebote und lässt das Kind entscheiden, wie viel es essen möchte. Kinder während des Essens zu bremsen, ist ganz blöd. Besser so: Fisch, Fleisch und Fettreiches nur in begrenzter Menge kochen. Jeder bekommt ein Spiegelei oder ein kleines Wiener Schnitzel oder zwei Fischstäbchen, aber von den Kartoffeln und vom Gurkensalat darf Polly so viel essen, wie sie möchte.

Niemals argumentieren

Kinder können nicht zwischen gesund und ungesund unterscheiden bzw. sie können mit der Begrifflichkeit nichts anfangen. Deswegen ergibt es auch keinen Sinn, zu betonen, wie gesund die Bohnen oder Möhren sind, die das Kind gerade vor sich auf dem Teller liegen hat. Eher bleibt folgendes hängen: Das unattraktive Gemüse, das ich nicht essen mag, ist gesund, also blöd. Hier hält man besser die Klappe, geht mit gutem Vorbild voran und bleibt vor allem währenddessen authentisch. Wenn die Eltern mit großem Genuss ihre Spaghetti mit grünen Bohnen verputzen, ist dies ein viel stärkerer Eindruck für das Kind als jeder Kommentar über deren Gesundheitswert. Auch sich zu verstellen hilft nicht: Wenn beispielsweise ein Elternteil nur so tut, als würde ihm das

Gemüse sehr gut schmecken, kriegen das die Kinder mit, weil die Emotion nicht echt ist.

Auch übermäßiges Loben nach einer geschafften Mahlzeit ist blöd. Kinder sollen essen und trinken, weil sie Appetit, Hunger und Durst haben und nicht, weil sie ihren Eltern damit eine Freude bereiten. Die Tochter einer Freundin beispielsweise trinkt sehr wenig, was die griechische Oma regelmäßig in Panik versetzt. Und erst seitdem Majas Eltern damit aufgehört haben, ihre Tochter zum Trinken zu überreden, fängt sie langsam an, regelmäßig Wasser zu trinken. Wahrscheinlich wird sie aber nie an die Trinkmengen-Empfehlung der Fachgesellschaften herankommen, aber das muss sie auch nicht, denn der eine trinkt viel, der andere wenig, und beiden geht es gut damit. Nachdem Maja kürzlich zwei Gläser Wasser weggeext hatte war ihr Kommentar: „Das hätte der Yiayia gefallen, so viel, wie ich getrunken habe!"

Trinken

Wir haben von Anfang an Polly an ungesüßte Getränke gewöhnt. Das war nicht schwer, weil es bei uns eh immer nur Leitungswasser gibt. Tee trinken weder Markus noch ich gesüßt, nur für den Kaffee brauchen wir Zucker. Das macht aber auch keine Probleme, denn Kaffee ist ja sowieso ein Erwachsenengetränk. Wenn wir auswärts sind und dort etwas trinken, dann gibt's für Polly Apfelschorle – auch wenn Gäste da sind und wir daran gedacht haben, Apfelsaft zu kaufen.

Wenn Kinder nicht trinken wollen und deswegen (oft extrem unangenehme) Verstopfung haben, kann man, bevor man sie an Apfelschorle als Alltagsgetränk gewöhnt, auch erstmal ein paar Sorten Tee durchprobieren lassen. Polly mochte Tee ganz lange überhaupt nicht, fand es dann aber so spannend, ihren Teebeutel selbst in die Tasse zu hängen, dass sie zwischendurch ganz gerne auch mal roten Tee oder Fencheltee trinkt. Sie ist immer stolz wie Bolle, wenn sie den Teebeutel selbst aus der Packung holen darf, ihn am Schniepel festhält und in der Tasse versenkt.

Polly hat auch immer mal wieder Phasen, während derer sie keine Lust hat zu trinken. Dann kann man ein besonderes Feature aus der Hutkiste zaubern, z. B. zuprosten und anstoßen, ein Strohhalm, ein interessantes Glas oder sprudeliges Wasser anstatt stillem. Was immer klappt: Polly während des Zähneputzens und Händewaschens mit dem Puppengeschirrbecher direkt am Waschbecken trinken lassen.

Making of

Die letzten Vorbereitungen: Polly stärkt sich noch einmal. Und liefert damit den Beweis: Models essen eben doch nicht nur Salat.

Während für das nächste Bildmotiv gekocht wird, ruhen sich Polly, Frederike und Kermit (im Einkaufswagen) aus.

Ups, daneben gekleckert.

Anja wird schick gemacht – und unsere schwangere Stylistin Frederike macht schon einmal den Testlauf, was man mit einem aufgeweckten Kleinkind so alles erleben kann.

Bildredakteur Christoph hat stets im Blick, dass Polly auch im rechten Licht steht.

Hm, wie lecker die Fächerkartoffeln schmecken.

Sachregister

Bibliografische Information der Deutschen Nationalbibliothek
Die Deutsche Nationalbibliothek verzeichnet diese Publikation in der Deutschen Nationalbibliografie; detaillierte bibliografische Daten sind im Internet über http://dnb.d-nb.de abrufbar.

Programmplanung: Uta Spieldiener
Redaktion: Bettina Snowdon
Bildredaktion: Christoph Frick

Umschlaggestaltung und Layout:
CYCLUS · Visuelle Kommunikation, Stuttgart

Bildnachweis:
Umschlagfoto vorn: Holger Münch, Stuttgart
Fotos im Innenteil: Holger Münch, Stuttgart;
Rezeptfotos: Meike Bergmann, Bergmann

1. Auflage

Printed in Germany

Satz und Repro: CYCLUS · Media Produktion, Stuttgart
gesetzt in InDesign CS 6
Druck: aprinta Druck GmbH, Wemding

Gedruckt auf chlorfrei gebleichtem Papier

ISBN 978-3-8304-6813-4 1 2 3 4 5 6

Auch erhältlich als E-Book:
eISBN (PDF) 978-3-8304-6814-1
eISBN (ePub) 978-3-8304-6815-8

Wir danken der Firma Korbmayer, Stuttgart, für die freundliche Bereitstellung der wunderschönen Requisiten.

SERVICE

Liebe Leserin, lieber Leser,

hat Ihnen dieses Buch weitergeholfen? Für Anregungen, Kritik, aber auch für Lob sind wir offen. So können wir in Zukunft noch besser auf Ihre Wünsche eingehen. Schreiben Sie uns, denn Ihre Meinung zählt!

Ihr TRIAS Verlag
E-Mail Leserservice: heike.schmid@medizinverlage.de
Lektorat TRIAS Verlag, Postfach 30 05 04, 70445 Stuttgart, Fax: 0711 89 31-748